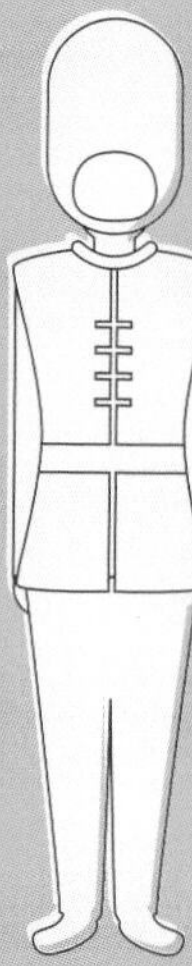

別怕！B咖也能闖進倫敦名牌圈

留學×打工×生活，那些倫敦人教我的事

湯姆（Thomas Chu）——著

Contents 目錄

Chapter 2

工作，開始在異國討生活

Contents 目錄

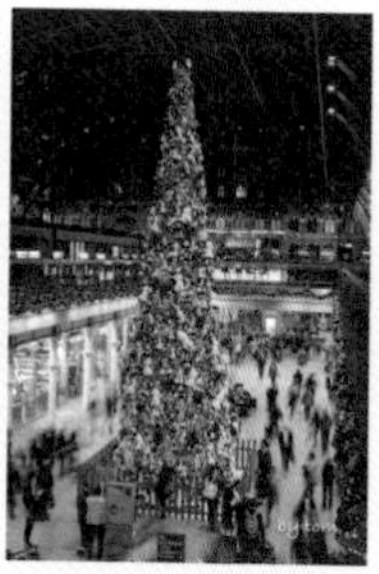

獻給我的母親

我將這本書獻給我的母親。並不是因為我不愛爸爸，或比較愛媽媽。而是我在倫敦的時候，爸爸幾乎每個週末都會固定時間跟我聯絡，更新生活近況。反而媽媽像一個好朋友，跟我在LINE通訊軟體裡面偶爾聊天打屁說笑話。媽媽都沒有真的關心我在倫敦做了什麼事情，但我也知道媽媽這麼做不是不愛我（對吧？……媽……），每個人給的愛本來就不一樣。

如同愛，每個人看事情的角度也不一樣，你可以說這是一個留學與打工度假的故事，我也可以說這是一趟「偉大的旅程」。

把出書的事告訴來自義大利的同事，他告訴我：「『偉大的旅程』（義大利文Gran Turismo）這個詞彙，是源自十八世紀時，二十多歲成年禮後的年輕人，啟程前往歐洲各地開眼界的學習之旅（educational trip）。」聽完他這麼說，我微笑了。沒想到過去時代的偉大旅程在現代還適用，還跟我的經歷不謀而合。

透過這本書，我把我的倫敦故事獻給我的母親，告訴她倫敦究竟發生了什麼事，也同時將我的故事告訴你們。

跟我經營的部落格「湯姆自己講」不同的是，這本書比較像是幕後花絮、心路歷程、CD唱片附錄的B-Side、Demo版歌曲。希望透過我在倫敦的成長經歷跟讀者產生共鳴，讓你回想過去的自己、檢視現在的自己、或甚至啟發一趟未來屬於你自己的「偉大的旅程」。如同我的部落格風格，這本書是我個人的出國經歷，文字的出發點來自我個人的眼光與看法，並不代表現實狀況永遠一定如此，但這種無法預知的未知數才更讓人生值得期待，不是嗎？

牛頓曾說：「站在巨人的肩膀上，可以看得更遠。」

我不是巨人、更不是偉人，頂多只是一個熟悉倫敦的B咖。但希望透過我的分享與借鏡，給予你一股原動力，讓自己活得比我更精彩。那樣我就可以學牛頓說：「站在B咖的肩膀上，你也可以成為A咖！」

tom

求學

CHAPTER 1

二十五歲的初老學生

出發前，我對倫敦的瞭解並不多，頂多是書本、電影上那些漂亮的畫面，《哈利波特》、《007》的詹姆士龐德與英國演員裘德洛，是我對倫敦的印象。當時沒有居住在倫敦的親友，可以給予生活上、求學上的建議或啟程前的叮嚀。我心想：「也罷。」那年二十五歲的我告訴自己，踏出去的這一步就是個新的開始，那就乾脆一切重新開始吧！

一切歸零，從「心」開始

與其以後糾結，不如現在出發

酷玩樂團Coldplay主唱曾說到他的創作方式，是把吉他弦故意調錯音調，接著同樣彈奏自己最熟悉的那些旋律與指法，就這麼蹦出了很多新的靈感……

我從小一直有個出國留學的夢，雖不曾認真想過該去哪裡，不過當時心中已經滿篤定：「要是真的出國了，十之八九肯定是美國。」，因為我從小在美國長大，台灣出國進修的選擇也以美國為大宗，尤其是男生。我甚至默默的已在心中設下了選校條件：「將來申請的學校，一定要在有美國職籃ＮＢＡ球隊的城市，不然我這個熱血籃球迷一定唸書唸得很不痛快（笑）。」

在還沒成家立業前，先出國闖蕩吧！

引頸期盼的留學夢，在二十五歲那年成真了！卻跟兒時的想像完全不一樣，甚至留學的國家也並非美國。還記得那年是二〇一三年初，距離上一次出國長居已是十八年前的事了。輔仁大學畢業後，工作上的經驗讓我明白，擁有國外研究所學歷對長遠職涯規劃的重要性（至少臺灣是如此），同時也希望在自己年輕時就獲得高等學歷，以利未來工作持續不間斷。

成年後的我們，往往在出社會打拼了五年、十年後，因為工作上的瓶頸而萌生「是否要辭去工作出國進修，讓自己未來爬得更高？」的想法相當常見，到時候可能已成家立業，甚至需要放棄高薪、離鄉背井去進修，其中所需要承受的猶豫與風險，肯定使人天人交戰。

而家父正是我說的最佳例證，在我三歲時，我們一家四口遷居美國跟隨父親攻讀博士班，四年後回台。孩提時的我對美國的記憶不多，大多都是電視卡通人物與迪士尼遊樂園，還記得離開美國那年，卡通「口袋怪獸寶可夢（神奇寶貝）」才剛登上美國卡通頻道不久。而美國的兒時記憶對往後的成長，最直接的影響是我的英文多了美式的口音，在口語交談上也比較不陌生，至於異國的歷史古蹟、觀光景點、經歷的人事物，真的很難叫一位五歲小男孩感受其中的文

整裝出發，前往倫敦

化差異。

二十五歲，毅然選擇出國

故事快轉，來到二〇一三年，二十五歲的我，深信現在是人生邁向下個階段的分隔點，從學校畢業、服完兵役，到一張白紙在社會上有些許經驗，我認為選擇在這一年出國再好不過。因為社會經驗讓我懂得觀察文化、教育、職場上的差異，並還有從中選擇、接納、學習與進步的空間。

雖然當時出國不在我的短期計畫中、甚至決定得有些唐突。有人質疑我的決定，有人向我分析優缺點，但我卻覺得正是時候，也喜歡自己這種無可救藥的正向思考。我選了一條與父親不同的路，在年輕時就出國留學，少了些家庭壓力，多了些年少輕狂。這一路上的旅程，很感恩父母經濟上與身心靈上的支持，才開啟了這段難忘的留學之旅，更沒想過這段英國之旅，會從原本的一年延伸到三年之久。

「怎麼後來決定要去英國了？」你可能會問。

認真研究不同國家的研究所課程、語言門檻與教育制度後，有兩大原因讓我選擇了英國。第一是英國的研究所絕大部分不需要另外提供「GMAT」、「GRE」考試成績，僅需提供大學在校成績與英國的英語檢定「雅思（IELTS）」成績即可申請。第二是英國大多的研究所課程為期一年，較美國兩年的課程少了一半，領取的碩士文憑卻是同等學歷。

對於我而言，時間是我最大的敵人。一方面是我大學時曾歷經二一、轉系、延畢一年，加上台灣成年男子需服一年兵役，在時間上我已經較他人起步得慢，因此英國一年的研究所課程成為明顯的優勢。另一方面，考取高分的「GMAT」、「GRE」成績並不容易，坊間相關的補習班林立，多數考生也花上一年的時間專門準備此考試，甚至強調此考試比美國的英語檢定「托福（TOEFL）」更難準備。

這兩大因素的驅使下，我最終選擇英國。因為離學校申請的交件日期近了，也對申請流程不熟悉，我便選擇透過「津橋留學顧問」的協助，順利趕上交件申請日期。等待審核的過程就好比應徵一家心目中理想的公司，或是終於鼓起勇氣開口邀請喜歡的女生約

穿著朋友送的英國紅衛兵T-shirt，洗掉過去，重新開始

會，等待回覆的過程，很是煎熬。

投件一週後錄取，收拾行李出發吧

但有時候不得不相信有一種正向思考、吸引力法則的力量。就在收到入學通知的前一晚，我心血來潮在各大留學論壇瘋狂搜尋學校的所有資訊，看大家都投件多久才得到回音，而搜尋結果顯示差不多都要一個月的等待。躺在床上心想：「靠，還要好久。」沒想到隔天睡醒，iPhone就收到學校錄取通知的來信了，而這離我投件日期才相隔短短一週的時間而已。

出發前，我對倫敦的瞭解並不多，頂多是書本、電影上那些漂亮的畫面，《哈利波特》、《007》的詹姆士・龐德（James Bond）與英國演員裘德・洛（Jude Law），是我對倫敦的印象。當時沒有居住在倫敦的親友，可以給予生活上、求學上的建議或啟程前的叮嚀。我心想：「也罷。」那年二十五歲的我告訴自己，踏出去的這一步就是個新的開始，那就乾脆一切重新開始吧！

新的人生，就帶著幾個自己的原則，其他的就讓

1.出發前，在機場與父母道別
2.飛向另一個世界

身邊的大小事去改變、成長，看世界的角度就會一點一點的構築起來。來自英國的酷玩樂團 Coldplay，在推出第三張專輯時，主唱說到他的創作方式，是把吉他弦故意調錯音調，接著同樣彈奏自己最熟悉的那些旋律與指法，就這麼蹦出了很多新的靈感。

我的歸零並不是真的一切歸零，不過重新開始的第一步確實要從「心」開始。

在開始學習之前，先開始玩！

無條件錄取，提前獲得一個月的假期

在這個全然陌生的城市裡，我的擇友條件也成了「無條件」，只要聊得來的人就是我的朋友，我宛如電影《Yes Man》的男主角沒問題先生，碰到任何邀約我的答案都是「Yes」……

「Congratulations on your unconditional offer at Queen Mary, University of London.」手機上的錄取信這樣寫著。當好消息臨門，誰是你第一個想分享的對象？眼鏡還沒戴上就跳下床，我欣喜若狂跑去敲爸媽的房門，告訴他們我拿到前往英國留學的入場券了。

英文高於門檻，不須另外上語言先修課

英國研究所錄取通知主要分成兩種，「無條件錄取（unconditional offer）」與「有條件錄取（conditional offer）」。無條件錄取者，代表申請文件通過了學校要求的入學門檻，學費繳交完畢即可靜待開學。有條件錄取者，通常是一項或多項條件未達門檻需要補交文件，其中最常見的就是英語檢定雅思成績（IELTS）未達學校標準，需要重考並補交成

1

1.房東Meara與大學同學Howard
2.從橋的另一端，拍下英國知名景點大笨鐘

績單。或者開學前要先到學校上英語先修課程（Pre-sessional），需額外繳費。依照雅思成績的高低，先修課程分成九週與五週課程。那些因先修課程而事先遇到的同學們，開學後也會因為熟識而自然而然走在一起。

英文底子還可以的我，在台灣歷經兩次的雅思考試，考取總成績七點五分，高於學校的入學門檻七點零分，於是我順利拿到「無條件錄取」。當時的英國學生簽證需要將護照從台北英國辦事處寄往菲律賓馬尼拉審核，審核通過時，佔據整頁的黃色學生簽證章，將印在我護照中的第九頁，除了印有證件照外，上面還清楚的印著有效日期，從開學前一個月二〇一三年八月十六日到二〇一五年一月十六日，共一年又五個月的英國居留簽證，同時也記載著學生簽證的工讀時數限制。

簽證生效第一天，立刻啟程到英國

迫不及待的我，在簽證正式生效的第一天便飄洋過海，飛行十六小時抵達英國海關。在一個人也不認識的情況下，我很幸運的有一同前往倫敦唸語言學校的大學同學Howard陪伴，並透過他間接認識了帕美拉一行人，我壓根也沒想過，這一群好友後來竟成了終身好友，甚至在三年後的同一時間，參加了帕美拉的婚禮。

在這個全然陌生的城市裡，我的擇友條件也成了「無條件」，只要聊得來的人就是我的朋友，我宛如電影《Yes Man》的男主角沒問題先生，碰到任何邀約我的答案都是「Yes」。這聽起來有點莽撞且大膽的答覆，但讓我幸運且快速的融入了倫敦都會生活圈，貼近在地生活。這些最初在英國認識的新朋

1

1.因潮汐變化，通往小島的路會被海水淹沒的St Michael's Mount

2.從倫敦東南邊的格林威治天文台往市中心看去

2

友與際遇，奠定了我往後在英國對待任何陌生人的態度——「Nice and Friendly」。

在正式開學前的英國，因為學校宿舍尚未開放入住，我與Howard便以遊牧民族的形式，在台灣人經營的倫敦民宿間穿梭著。期間有緣認識了人非常好的民宿老闆娘Mikiko，她與老公開車載著我一起去吃港式飲茶。而另一家倫敦民宿的老闆娘Meara，除了獨自經營倫敦民宿外，每天還替房客們煮美味早餐，也開車載我一起上教會、邀請我一起中秋節聚餐。短短兩個禮拜的住宿時間，她還放心的把民宿留給我看管，自己就跑去挪威度假了，真的是獨具風格的民宿老闆娘（笑）。

這些萍水相逢的人，對我無條件的付出，不只讓我回想起台灣文化的處處溫情，也鼓勵著我以同等的態度去對待他人，把這份台灣溫情也傳達給全世界，讓他們知道：「嘿，我來自台灣，這是我們的台式熱情」。

當學生之前，先當旅客

深怕一年的英國之旅玩不夠，早在開學前的一個

1.和我一起等公車的英國小女孩，對於自拍很在行
2.聖艾夫斯的海邊，停靠著許多小漁船

月我就已經把倫敦各大觀光景點全都收集完畢。倫敦市中心的大笨鐘、倫敦眼、熱鬧的牛津街、大英博物館、倫敦塔橋，東南邊的格林威治天文臺，西北邊的溫布里國家球場（Wembley Stadium），西南邊可以看到野生麋鹿的里奇蒙公園（Richmond Park），全都在一個月內踩點了。

除了倫敦以外，還跟新朋友帕美拉一群人大老遠跑去擁有美麗沙灘與海峽的英國最西南角——康瓦爾（Cornwall）度假。光是火車就要六小時路程的康瓦爾郡，雖然路途遙遠，但一路上的好天氣跟我們這群人停不下來的歡笑聲，讓我對英國鄉村留下深刻印象，此行也奠定了我們的友誼。

英國西南角之旅的趣事非常多，沒有開車的我們，在康瓦爾火車站前的公車站牌等車，準備前往英國「最最最西南角」的海峽端點「Land's End」。但是非假日的康瓦爾郡，公車站牌前半個人都沒有，起初我們還有點懷疑是不是找錯地方，不一會兒看到一位阿公跟小孫女也來等車，詢問之下得知阿公是在地人，帶著小孫女出來玩，他們也要前往「Land's End」，這才安了心。

一同等車時，喜歡小孩子的我，主動跟這位可愛的英國小妹妹開始聊天，她有著棕色頭髮，說起話是帶有英式腔調的娃娃音，跟平常電影裡聽到的如出一轍。聊著聊著，我就隨口問了她：「嘿，妳要不要跟我一起拍張照呀？」她微笑並點點頭，這小丫頭就自個兒爬上公車亭的座椅，坐在我旁邊對著手機鏡頭微笑，還會擺托腮的pose，可愛極了。我笑了笑，想說：「現在的小孩子對於自拍還學的真快阿……」

2

巧遇「母雞派對」，體驗英式熱情

除了「Land's End」之外，我在隔壁村聖艾夫斯（St. Ives）的啤酒吧櫃台點酒時，隔壁穿著藍色洋裝的金髮女生帶著微醺的語氣跟我說：「欸，我覺得你的眼鏡好好看喔，可以借我戴戴看嗎？」我回她：「可以呀，不過我的近視很深喔。」「沒關係，我戴一下就好。」她回答。戴上雷朋眼鏡的她，因為近視度數太深，什麼都看不清楚，卻還是趕緊叫旁邊的姊妹們幫她拍下了照片。我疑惑為何她們一群女生都穿著藍色洋裝，一問之下才得知，原來當天是其中一位女生的 Hen Party（母雞派對／單身派對），她們講好以藍色為服裝主題，一同出來飲酒作樂。

或許是康瓦爾這一帶較少看到亞洲人，又或許是因為她們實在喝得有一點茫了，我竟然就被這幾位女士們拉到她們的包廂，還被戴上公雞造型的軟帽（真的是雞派對）合照，真是個莫名其妙卻有趣的體驗。原來不只是台灣，英國的鄉下人也是充滿熱情的呀！

就這樣，我帶著英國西南邊陽光的曬痕與岸邊的沙礫回到倫敦準備正式開學。

不只歸零，根本負一

被破壞的房間，不被破壞的鬥志

門一打開，映入眼簾的是滿目瘡痍的空間，整片牆壁長滿壁癌不打緊，每隔十分鐘還會有地鐵經過的吵鬧隆隆聲，更倒霉的是，房間多處還被蓄意人為破壞……

倫敦市這個大都會，除了東南西北以外，以市中心為同心圓向外擴散被分成九個區，市中心為一區，市中心向外拓展的次要都會區為二區，以此類推。大部分觀光客活動的範圍都在倫敦一到二區之間，三區以外開始屬於郊區了，跨出二區後的交通車票票價也會漲價。

東倫敦二區，中東面孔多於歐洲面孔

我的學校「倫敦大學瑪麗皇后分校」位在東倫敦二區 Mile End 地鐵站附近，隔繁華的金融區僅兩站地鐵站的距離，走出 Mile End 地鐵站大約五分鐘的路程，即可抵達學校校門口，算是倫敦市區少數擁有校門、校地與圍牆的大學。

此區過去是印度與巴基斯坦移民居住的地段，因此從地鐵站口走出來所看到的景象，不像大家印象中倫敦的樣子，自家開設的炸雞店、Kebab（烤肉串）碳烤店、雜貨店林立，甚至走在路上的人，印度與巴基斯坦人也比歐洲人多了兩倍，宛如來到一個不同的國家。第一次來到這樣的地方，相信許多台灣人都不太習慣，甚至會因為刻板印象心生恐懼。不過因為我曾住過龍蛇雜處的香港重慶大廈，所以對這樣的景象也是見怪不怪，也知道這種地方大部分的人其實都不錯，況且是住在校內，更不需要過度擔心。

反而令我擔心的，卻是另一件事。

霉氣、壁癌、地鐵聲，房間慘不忍睹

事情發生在開學前的三天，我帶著大大小小的行李前往學校，終於要入住即將住一年的學校宿舍。校門口就在通往市中心的大馬路上，隔壁緊鄰著一條流向倫敦西北方的運河，我拎著宿舍管理中心剛領的鑰

我所居住的Hatton House學生宿舍

匙，走向校門口印著 Hatton House 的的三層樓矮房，咖啡色的磁磚，搭配著藍色與紅色相間的柱子與門窗，宿舍後門緊鄰著運河，是一個箭步就能跳進運河的距離，這樣的河岸住宅看上去也是有模有樣、好不愜意。

Hatton House 宿舍一層樓共有四間套房，占據宿舍的四個角落，中間則是進門的走廊與另外隔出來的「四人共用的廚房兼飯廳」。中央走廊邊，堆著一疊一疊未拆封的信與廣告型錄，應該是之前的室友們離開後尚未改地址，所以信件還是不斷的寄來。我的房間位在一樓右邊靠近學校的一角，抬頭確認門牌號碼「2D」後，一轉動鑰匙，我站在門前傻住了。

門一打開，映入眼簾的是滿目瘡痍的空間，一個禮拜要價台幣一萬元的學校宿舍，實際景象是房間充滿霉味、整片牆壁長滿壁癌不打緊，每隔十分鐘還會有地鐵經過的吵鬧隆隆聲，更倒霉的，房間多處還被蓄意人為破壞。

面對這種事情，如同大多數人的第一反應，我當然維護自己的權益，立刻前往辦公室跟校方反應。沒想到校方的答案是：「你已經同意居住並簽約，無法退款」、「我們所有宿舍已經被住滿，沒有其他空房」、「降等級轉租較便宜的房型不是一個選項」、「房子毀損的部分可以在正式開學後，請校方工友替您處理，地鐵聲與壁癌這種外在因素造成的不便，不在我們的管理範圍內」。

尚未開學，先學到寶貴第一課

實在是不可思議，全校校園內共有一千八百間房間，十八種房型供學生出租，我當初選擇房價等級最高的房型，其中一個原因就是為了提防這種品質不佳的烏龍房間，沒想到該發生的果然還是逃不掉。如果說來到英國留學是個歸零的旅程，那我現在的情況大概在「負一」吧。九月下旬才開學的英國，我還尚未開學，卻已經在學校內上了寶貴的第一課：「找房子一定要親自檢查後才簽約，即使對方是公家機關或有體制的機構也一樣。」

現在回想，就算當時我真的想檢查房子也不可能，因為房子簽約截止日比我入境英國的簽證日期還要早，我怎麼樣也不可能在簽約截止日前去檢查。雖然沒有證據，但我不甘心的想：「學校大概就是看準國際學生不會提前入境，所以把這種『較有問題』的房間安排給這些人，反正他們也沒辦法抗議。」最後，這些不滿的學生在離開前，便大肆破壞房間傢俱、廁所來洩憤，而下一個入住進來的冤大頭，就是我。

宿舍緊鄰運河，風景相當優美

1

山不轉路轉，動手進行小改造

而後來這間房間怎麼樣了呢？

既然無法反悔，必須被這間房間綁住一陣子，我只能轉換自己的心態，正向面對自己遇到的困難，而不是像前一個住戶那樣大肆的破壞，影響到他人。

首先，我將發霉的深藍色窗簾換下，裝上藍色底白色星星造型的窗簾，關上燈時這些白色星星還會因為夜光效果而微微亮起來。因管線潮濕而造成壁癌剝落的牆壁，我將它刮乾淨並貼上白底、淡藍色星星造型的壁紙，還將毀損的廁所毛巾架、捲筒衛生紙架DIY換新，最後跟學校工友要了一台新的小冰箱與座椅，房間小改造也算是大功告成了。

至於改變不了的地鐵隆隆聲，我學會習慣它的存在，就連在睡夢中也是（好在當時倫敦地鐵還沒有二十四小時通車）。因為英國房內普遍沒有空調系統只有暖氣，我的房間又格外潮濕，因此必須長期開著那扇面向吵雜校門口的窗戶，這扇窗戶一開，伴隨而來的是半夜歸來派對男女的喧嚷、清晨趕飛機行李箱在水泥地上的磨擦聲，這些林林總總的噪音，漸漸成為

1.房間壁癌問題嚴重，且遭到破壞

2.感謝好友Edie的幫忙，一起動手改造房間

我習慣的背景音樂。

雖然起頭不美好，但是結局卻很美

往好處想，位於一樓的窗口與校門口警衛叔叔遙遙相望，至少發生偷竊的機率比較小吧（笑），而且同學替我買鮮奶時，直接敲敲我的窗戶，往窗口內遞送即可，尤其是星星造型的窗簾非常好認，反而成了顯眼的招牌，他們從不會遞錯窗口。就這樣，原本合約到隔年六月的學校宿舍，我在六月時還續約延長到畢業的九月為止才退租，期間還接待不少來自台灣的朋友們一同入住，共創了不少難忘的回憶。

我告訴自己，既然要在這裡住上一年，何不及早花一點心思把房間整頓一下，將它變成自己能接納且喜歡的地方？畢竟天知道有多少個夜晚要跟這間房間並肩作戰。萬萬沒想到，這樣的故事開頭，練就了我在倫敦往後強韌的求生本能與源源不絕的正向思考。一年後離開學校時，望著學校對面那一週要台幣一萬元的大樓式管理學生套房，我還是慶幸我當初做了這個選擇。

我的同學，來自世界各地

開學，迎接學業的挑戰

同學們的國籍橫跨全世界，散佈於五大洲，要說班上是小小聯合國一點也不為過，只不過華人的人口比例佔了稍微多了些，反而英國當地的學生只有兩位……

一邊把破舊的宿舍打理整齊，忙著忙著就開學了。開學第一堂課，是英國籍羅教授的「組織行為課」（Organisational Behaviour），那是一個坐滿兩三百人的講堂。我會叫他羅教授的原因，是因為他的英文姓氏是Row開頭的。這位來自英國的教授年約五十，光頭、戴著粗黑框眼鏡的他，腳上總是穿著一雙馬汀大夫皮鞋（Dr. Martens）配著顏色鮮豔的長筒襪，略為時尚的穿著，怎麼看也不像是在學術界闖蕩十七年的資深教授。

因為我是無條件入學，所以開學第一天才第一次見到班上的所有人。而恰好這堂課的上課方式是大班制，會有其他相關科系的研究生一同來上課，所以我也不曉得誰才是自己系上的同學。這種合併式教學的課程，使用的教室也不是教室，反而比較像是表演用的禮堂，前面是一座舞台，教授在舞台上「表演著」自己的專業，而學生則是坐在那層層堆疊的座椅中，「欣賞」教授的演說。

班級宛如聯合國，每人臉孔各不同

後來才知道，並不是所有的課程都像羅教授的課一樣這麼多人，有部分的科目是只有我們行銷研究所才有的，一直到「消費者行為」（Consumer Behaviour）的課堂，我才知道原來我們系上的同學約有六十位左右，男女比例大概是一比三，女生較多。在該堂課的希臘教授好奇心趨使下，得知有二十位同學是台灣人，五位是中國人，其餘國家的人口數大約都在二到三人之間，這些同學們的國籍橫跨全世界，散佈於五大洲，要說班上是小小聯合國一點也不為過，只不過華人的人口比例佔了稍微多了些，反而英國當地的學生只有二位。

校園內一角

沒事先認識同學，成為「落單的亞洲人」

除了一般三小時的教授演講課程外，每一個科目都還會附帶一堂一小時的討論課（Seminar），討論課大多由十到十五位同學組成，透過教授或助教主持。主要的討論內容是對應教授當週課程所提到的理論或研究，在實務上有哪些真實案例或個案分析上分享意見。這時才有較多機會跟班上同學互動跟發表意見，有時候還要分組報告。

或許是因為每一班講中文的同學在比例上比較多，也或許是因為先修課程，所以講中文的同學們比較熟識，又或是無論在哪裡，講中文的人就是比較常聚在一起。當外國人看到亞洲人聚在一起的時候，自然而然的就不會主動加入這個群體聊天，更何況都是講中文，我想不管任何國籍語言的人也是反之亦然。

由於學期一開始，我誰都不認識，所以常常在小組討論課時，都是那一個「落單的亞洲人」，久而久之我就固定跟一群外國人一起做分組報告了，其中有日本人、義大利人、巴西人、波蘭人、跟希臘人，是個很奇妙的組合。跟外國人做報告是一個很有趣的體

驗，這裡的外國人泛指全世界不同國家的人，沒有特別指任何種族或膚色。

華人天性羞澀，分組報告時相對弱勢

在我求學期間，普遍遇到的外國人都相當獨立，而思考上的獨立，較難聽的說法是「比較自我」，不只勇於表達自己的意見，甚至在討論分組報告的時候，常常堅持自己的意見而不願意妥協，甚至分配工作時，也是主動挑輕鬆的內容做，從不會害臊。在他們眼裡，他們視自己的個人功課比團體作業還要優先，團體作業如期繳交即可。自己的分數自己能掌握，但團體的分數風險太大，付出太多沒有意義。然而華人普遍生性害羞，不太表達意見、吃苦當吃補的天性，遇到這種狀況就略顯吃虧。當然也不是每個外國人都如此，只是相較華人的互動中來看，這比較顯而易見。不過如果說到團體中的害群之馬、老鼠屎、專門擺爛的，就不是思考上的差異了，更沒有任何國籍之分，反而是個人人品的問題。

還好我的分組夥伴們都是努力、認真且互相配合

日本同學邀約同學們到她家裡作客

的同學們，小組討論按時出現從不遲到，被分配到的內容也充分準備不怠惰，算是合作無間的最佳組合，我想這應該也是為什麼我們一直都是同一組人馬的原因吧！不過我還是必須老實說，當報告方向意見相歧的時候，確實要花費比平常更多的時間討論。這是一件滿累人的事情，但從討論的過程之中，除了能發現不同文化背景的思維模式之外，更能學會接納來自不同方向的指正，如果還有餘力，那可以試試看說服這些意見相左的人。

不同國家各有刻板印象，有時相符有時破滅

雖然一個人的國籍與文化並不能定義你是什麼樣的人，但是刻板印象人人都有，而刻板印象本身也是有根據的，遇到某些國籍的同學，在相處過後，會發現對方的某些行為舉止，真的與刻板印象中相符，相當不可思議。例如，日本人的守時與講話微婉的禮貌。有一次討論課的小組上台報告，同組的日本同學因為講話吃螺絲，而沒有完美呈現報告內容。在我們其他人的眼中並不是什麼大問題，報告完畢後我們也都彼此開心的擊掌，唯有這位日本人以充滿歉意的表情向我們道歉，我們一直安慰她那一點差錯根本沒有什麼感覺，她才稍顯放鬆心情。

不只是同學們，連教授們也有國家文化的影子，例如國際行銷學（International Marketing）的德國教授，每次在上討論課前，同學們還在陸續進教室的時候，這位教授都會穿著整整齊齊的襯衫搭配著袖扣坐在位子上。他會將所有的上課用具一一在桌上擺正，筆記本調正、資料夾調正、原子筆也調正，一切擺好之後，才開始上課，那一板一眼的秩序，正象徵的他們國家的精神。我每每看著這個畫面都會不自覺莞爾一笑，然而另一位德國助教，卻完全不是這個樣子，所以刻板印象當場破滅（笑）。

為何我選擇倫敦？

你選擇郊區的好學校好文憑，我選擇市區好環境好教材

當郊區好學校的留學生歸國時，你問他們英國生活是什麼樣子，在他們的印象裡，學生們聚在一起吃飯喝酒聊天的景象佔據了絕大部分，只能片面的描述英國生活的模樣……

在這樣充斥著各種國籍的班級中，對大多數同學而言，來到倫敦唸書都是所謂「出國唸書」。我常常好奇他們為什麼決定來到英國？而更值得問的問題是，從這個經驗中，你想要獲得什麼結果？每一位同學來到這裡的故事背景都不同，目的當然也不一。

不一樣的目標，造就不一樣的學生模樣

日本同學是因為老公被公司派遣到倫敦工作，陪同的時間也順便多唸一個學位來提升自己。

希臘同學家裡是做旅館業的，在度假的島嶼開設旅館，拿到學位後要回家幫忙經營。

義大利同學已經住在倫敦很長的時間了，希望透過研究所學位能夠在倫敦找到更好的工作。

台灣同學大學剛畢業，見身邊的朋友們都紛紛繼續升學考研究所，因此也報名申請，還沒想過研究所後要做什麼。

德國同學除了研究所畢業，還想繼續更上一層樓，報考博士班成為研究員。

土耳其同學想要藉由學生簽證加持，在英國獲得工作簽證並留下來居住……

不一樣的故事與目標，造就不一樣的學生模樣。想要繼續升學博士班的同學們，上課非常認真，因為研究所成績一定要很優秀並得到教授青睞。出遠門來到英國唸書的同學們，想要趁機多在歐洲其他國家走走，閒暇的時間就在訂廉價機票出國旅行。想要在英國留下來工作的同學們，開學不久後就開始投遞履歷、申請企業實習。要回去接家裡事業的同學們，上課時則不斷地問相關行業的問題與個案討論。

也因為每個人唸書的目的不同，所以上課的表現也不見得一樣。當我坐在教室看著空著的座位、數著

班上的人頭數，發現這些缺課的同學，有的蹺課去歐洲旅遊、有的翹課去面試工作。我心裡想著：「這麼貴的研究所學費，少去一堂課不曉得浪費多少錢？」時，卻馬上恍然大悟地搖搖頭：「不對，在他們心中，這些事情比現在坐在教室裡聽課學習還重要，這是他們選擇的優先順序。」我漸漸的學會站在他人的角度思考，並尊重他人的決定，很多事情並沒有一定的對或錯，只要在不影響別人的原則上，想法不一樣其實也沒什麼關係。

那我呢？我為什麼出國唸行銷學？

不只為了學習，更為體驗大城市的行銷實例

大學就讀企業管理系，學習了五大課程：生產與作業、行銷、人力資源、研究發展、財務。其中我最

在倫敦體驗手機遊戲Candy Crush所舉辦的活動

喜歡且擅長的就是行銷學，連畢業時的小組專題發表也是發表行銷學方面的簡報。在我尚未工作前的學生時期，對未來的最終夢想，是成為奧迪汽車的行銷執行總監，雖然現在的夢想已經不一樣了，但對行銷的熱忱沒有絲毫減少。在大學有限的時間、資源裡，我發現關於行銷的學問只是冰山一角，更在出社會工作之後，發現行銷學的應用，不僅僅只是學校學的理論而已，在行銷這個專業上，我還有更多需要學習的。

在留學生充斥的就業市場裡，我想要獲得的不只是國外學歷的文憑，更想體驗一個大城市最活生生的行銷推廣實例，這也是為什麼我會選擇就讀倫敦市的學校。以我的申請條件與成績，我相信一定能夠申請到排名更好的學校，不過這些學校並不在倫敦，有些甚至是在英國郊區自成一格的大學城。但對我而言，如果我選擇了這些郊區的好學校，就失去了當初想要踏踏實實的體驗英國生活、城市生活的機會。

倫敦市這個全球前幾大的經濟體，除了學校的學習之外，整個城市就是各大品牌兵家必爭之地，可以讓我體驗各大品牌的行銷手法。當郊區好學校的留學生歸國時，你問他們英國生活是什麼樣子，在他們的印象裡，學生們聚在一起吃飯喝酒聊天的景象佔據了絕大部分的生活，也只能片面的描述英國生活的模樣。但如我所說的，這只是思考角度的不同，沒有對錯，或許排名較好的學校讓你獲得企業的青睞，達到你求職的目的，這也是非常值得讚許的好決定。不過我的選擇不同，我的選擇是好好學習倫敦、好好體驗倫敦。

先工作再進修，更能明白自己要什麼

在體驗與學習中，讓我覺得比較可惜的，是那些不太清楚自己為什麼會選擇行銷學、選擇讀研究所的同學。行銷學是比較大眾的學科，進入的門檻相對不高，許多人在升學時，不曉得該選擇什麼科系就讀，一心只想要繼續升學，這時管理科學的科系就成了許多人求心安的折衷考量，他們心想「不知道該唸什麼好……管理學聽起來不會太難，也不難找工作，因為不是專一行業，我以後也不會被限制要做什麼行業，那就選這個好了。」相對於那些清楚明白自己要什麼

大英博物館所舉辦的墨西哥亡靈節活動

的學生，這些「沒有目標」的學生，在課堂中的肢體語言，給人一種像是旁觀者的感覺。

另一個可惜的是大學畢業後就立刻銜接研究所的同學，他們從小學到大學的學習是連貫的，沒有出社會工作的經驗，可能也沒有暑假打工的經驗。學習對他們而言有時候變成了一個習慣動作，上課、點名、交作業、考試，對學習背後的意義與學習的熱忱就少了許多。當討論課時，不同的同學分享著他們國家的工作方式與心態時，這些沒有工作經驗的同學，心中無法對照、比較自己的國家，只能天馬行空的幻想。

直到畢業、工作後，這些同學偶爾會回想著：「真希望當時可以認真一點上課、曾有工作過的經驗、曾在外租房生活過。」我笑了笑說：「雖然人生也只有這一次不能重來，但至少這樣的體悟也是一種人生道路上的學習。不是嗎？」

在倫敦，學問沒有對錯

「英國式」報告帶來的震撼教育

不會因為你的意見跟教授相歧而得到較低的分數，教授看的是你思考的脈絡，與有力的分析或舉證，哪怕跟教授的意見相左……

如果要用四個字來形容英國研究所的上課方式，那大概是「自主學習」吧！學校大多科目的評分標準裡，百分之六十是考試成績，百分之四十是作業成績，而沒有考試的科目則是上台報告與作業成績的總和是百分之百。在這裡沒有任何出席成績，也代表教授並不在意你有沒有來上課，也不在意是不是所有學生都投入這門課程，他教導的課程是給想學習的人來。

討論課，從辯論中激盪出知識

討論課程中，教授會事先提供下一週的討論主題與個案探討文章，除了文章本文之外，還會列出約五項書單，內容是不同的學者對於該主題所提出的論點與主張。下一週上課時，教授會直接開始丟問題給同學們思考，也都是關於個案文章中的問題，例如：「為什麼同樣的品牌同樣的行銷策略在A國家賣得嚇嚇叫，卻在B國家乏人問津？」、「如果是你會怎麼做？」、「可是你這樣做不是會導致更大的風險嗎？」等。

這樣一來一往的腦力激盪，不只是教授與學生的對話，很多時候更是學生與學生之間的交鋒，教授只是主持人的角色。積極主動的學生，不需要教授點人發言，就會主動舉起手發表意見、參與討論。沒有準備功課的同學，雖然坐在教室裡聽大家激烈的辯論，卻像鴨子聽雷，甚至連個案討論中的故事都不是很清楚。這一切的討論過程，不佔任何學期成績、沒有任何分數的評比，學習與討論是自主的行為。

講堂課，從提問中發現教授的寶藏

在眾多學生一起聽講的大講堂課程中，教授播放著一張又一張的投影片，彷彿是預錄好的節目，每一學期重複類似的教學內容，一上課教授就滔滔不絕得講個不停，下課後學生們拍拍屁股就可以走人，沒有

1.我和同班同學Ling、Rachel與電子商務的教授合影
2.我堆積如山的教科書

隨堂考，更不用改考卷。乍看之下，會讓人誤會教授滿容易當的，而且學生還更好當。

直到有一天，教授上課講到網路行銷的市場分析方式，我聽了既好奇又疑惑，下課後我上前詢問教授，想請他解釋其中的奧妙時，我彷彿挖到了寶藏。教授開始用充滿熱情的眼神與我分享除了上課講的方式，另外還有哪幾種不同的分析方式，像是A學者在二〇〇六年某篇學術期刊中有更詳細的解釋，B學者卻在二〇〇九年另一篇學術期刊中有不一樣的見解。

我這才知道，教授的學識淵博，不只在過去的理論中存活，而是持續跟隨現代環境不斷進化。新文章、新研究如雨後春筍般不斷冒出，教授在閱讀新文章之

餘，還必須對照過去經典的學術聖經，比較並選擇授課內容。除了平常授課，教授還需定期發表新的學術文章，並不是想像中的那般遊手好閒。

首次報告滑鐵盧，只獲得四十分！

在英式教育裡，作業與報告有固定的規矩與格式，主要講求報告內容「言之有物」與經過「反思和批判」的學術引用。相較於台灣的大學生常常將網路維基百科複製貼在報告上，英國的報告嚴禁任何抄襲嫌疑，甚至有專業的電腦軟體偵測你的內容與其他公開文章的相似度，精準程度非常高，連哪一段、哪一句跟市面上現有的哪一篇文章雷同都可以逐一挑出。當系統偵測相似度超過百分之三十時，此學生就有可能被學校約談，詳細討論報告的原創性。

無條件入學的我，此生第一次碰到這種「英國式」報告。對於其他歐美學生來說，這是高等教育中必備的能力，他們早已習慣這樣的寫作模式，不管是如何分辨學術文章的可信度與影響力，或是該去哪裡尋找學術文章，都已經有自己的一套方法。身為有名望的高等教育研究所，我的學校當然也默認每位學生已有

1.我度過求學時光的商學院大樓
2.我在學校內的電腦教室，學習研究方法

這項寫作基礎，所以不會特地為此開班授課。

開學後的第一份報告，就是三千字的「組織行為學」報告，由第一堂課戴著黑框眼鏡，搭配馬汀皮鞋的羅教授批改。第一次的報告令我非常緊張，因為相較那些在語言先修課程就已經有經驗的同學們，我真的是個菜鳥。我上網查了好多資料、閱讀無數網頁的教學後，才大略明白此種寫作的技巧與精髓。為了這第一篇報告，我下足功夫再三修改、訂正，心想：「我第一篇青澀的英式文章，就算沒有高分至少也有及格吧！」

然而成績一出來，我當場愣在電腦螢幕前，「組織行為學」的羅教授竟然只給了我四十分，簡直晴天霹靂。我以為，英文檢定考得比入學門檻還要高，應該就沒有什麼語文上的煩惱了，沒想到這才是危機，其他有進修語言先修班的同學們，多半拿到不錯的成績，可見有事先補強語文不足的地方果然還是有差。

虛心求教，得到教授當頭棒喝

既然有不足，那就乖乖的虛心向學了。某一天，我趁課後的閒暇時間，到羅教授的辦公室門口敲門拜訪，剛好羅教授不忙，讓我進門。我向他敍述成績的事情，並將作業的原稿遞給他，他花了將近兩分鐘大致閱讀了我那三千字的文章，並馬上指出我文中的問題，說：「你文章的內容少了反思與批判（Critical Thinking），這些學者的觀點我都很清楚，但你自己的觀點呢？你支持哪一個觀點？為什麼？又有那些例證能夠支撐你的觀點？少了這些，這篇文章是沒有核心與主軸的，我看到的只是一片模糊。」

羅教授的每一句話都針針見血，除了指出文章中待加強的部分，也同時強調，在倫敦學術的世界裡，沒有絕對的對與錯，因此不會因為你的意見跟教授相歧而獲得較低的分數，教授看的是你思考的脈絡，與有力的分析或舉證。哪怕是跟教授的意見相反，只要講得頭頭是道，背後也有眾多學術界的佼佼者撐腰，這樣的文章照樣是個漂亮的作品，反而內容中錯別字與文法上的缺失，被扣的分數只有一丁點而已。

這天殺的第一份報告給了我一個教訓，不能因自己英文能力而大意，也同時警惕我，雖然倫敦有新鮮有趣的活動誘惑著我去體驗，但認真讀書畢業才是我的「基本目標」。無條件入學的我，是否畢業的那一天也可以無條件的穿著學士服把帽子拋向高空呢？請繼續看下去。不過值得慶幸的是，這第一份報告繳交的時間比較早，沒有影響到其他作業的報告品質。我乖乖地買了幾本關於學術寫作的書，並向同學們請教寫作技巧，寫著寫著也就慢慢上手了。

熬夜趕報告是學生們的共同回憶

學校排名的迷思

該選學校還是選科系？

多數台灣人不見得知道英國學校的排名表現，可能也只聽過劍橋、牛津、帝國理工……等知名學校。在他們的眼裡，我只是一個擁有英國文憑的留學生……

在倫敦大學瑪麗皇后學院上課一個月下來，對於英國的學生生活總算慢慢上手了，唯獨美中不足之處，是我只認識學校裡的同學，還有當初開學前在英國一同玩耍的朋友們。我總是想著，其他人的英國研究所生活，真的都跟我一樣嗎？而回答這個問題最好的方法，就是乾脆自己去認識新朋友，再問他們不就好了嘛。

一場台灣同樂會，意外認識高材生

研究所開學後的那年十月十號，有某個台灣在英國的學生團體組織租了一個類似區公所的百人大會場，舉辦雙十節的慶祝交流活動。我看到此活動的廣告文宣心想，難得有專門設計給台灣學生們的活動，會場上也應該更容易遇到同是留學英國的台灣人，是認識新朋友的好機會，便決定參加了。然而實際參加後，我對活動的印象是「活動內容非常無聊」，團體遊戲也沒有太多的記憶點，提供的點心與飲料也稍嫌不足。不過此活動確實吸引了滿多來自台灣的學生們參加，我們學校的研究所與大學部就有大約十位同學參加，眼光瀏覽一下會場的人數，掐指一算應該也有上百位參與者。

奇妙的是，這樣一場無聊的台灣同樂會，卻成了我英國生活的另一段重要開端。還記得當會場播放中華民國國歌時，大家皆立正站好，我趁這個機會好好觀察了一下與會的台灣人們，哪些人看起來是好相處的類型。國歌唱到一半時，我看到兩位看起來彼此熟識的女生側影（聽起來好像色狼，我不是……），我的第六感告訴自己：「就是她們」，於是唱完國歌時，我上前跟她們交談。

說真的，我也不記得當時我說了哪些話，她們

1.原本感覺無聊的國慶活動，卻意外讓我認識很多人
2.國慶日認識的Jolin與Fu Chia

回了什麼，但是就這樣一來一往輕鬆的對話後，我認識了這兩位女生 Jolin 跟 Fu Chia，以及後來加入對話的 Allie 跟 Vivian。聊天過程中，一問之下才知道她們分別就讀的學校是英國排名非常好的 UCL（倫敦大學學院）跟 Cass Business School（卡斯商學院）。在這之後，因為她們介紹而認識的所有台灣留學生，各個都是優秀的高材生，算一算我應該是英國學校排名最低的那個吧（笑）。不過我必須說，英國學校排名這件事情很玄，學校排名也是想來英國唸書的朋友們常常會問我的問題。

學校好壞說法紛紜，排名不能解釋一切

我覺得學校排名這件事，有點像孟子說的：「盡信書，不如無書」。怎麼說呢？大體來說，英國的

學校總排名由不同的媒體機構分別自行製作，換句話說，排行榜有好幾種版本，泰晤士報版本、英國衛報版本等等。這些媒體製作的排名，各有些微差距，例如，A媒體覺得我的學校排名十五名，B媒體則覺得我的學校排名二十名。原因在於，決定排名高低的評分指標與比重不相同，分別有「學生對教學滿意度評分」、「教授與學生的比例評分」、「平均入學分數評分」、「學術文章輸出的品質」、「教授在學術上的表現」、「畢業後的學生在百大企業工作的數量」等等，都有可能是評分的標準。因此不同的指標組合，架構出來的排行榜總分就會不一樣。這是為什麼每一年大家永遠都在吵到底是劍橋是第一名，還是牛津是第一名（笑）。

不僅如此，這些指標只是最表面的評價而已。例如排行榜討論的是大學部的排名還是研究所的排名，如果一間學校的法律系競爭程度名列前茅，但新聞系表現不佳，這樣同一所學校內不同科系高低落差的深度剖析，不見得是一張排行表單可以解釋的。所以說，排行榜只是一個參考的依據，而非選校的順序，最重要的還是「這所學校」的「這個科系」是否有自己想學的課程內容、教授的研究多半屬於哪一類的研究、授課的教授是不是同時也跟實務企業界熟識而有產學合作的機會……等等。另外，學校本身教學以外的附加因素如物價、地點、生活體驗，都是選校的考量。

選校還是選經驗，還需考量未來工作地點

大部分的學生進入研究所學習的最終目標，不外乎是希望畢業後，藉由學校的光環更容易找到好工作或得到知名企業的青睞。以英國本身為例，列在排行榜內的學校大約有一百二十所，如果你畢業後求職的對象是英國當地企業，那企業內部的人力資源主管就會對英國大學的排名很熟悉，可以有條有理的分析比較，甚至從經驗法則得知，哪個學校的校風會教出什麼風格的學生，而這樣的學生是否適合公司文化等等，在這樣的清況下，選校就變得比較重要。

但換一個角度說，如果畢業後我拿著同樣的英國學校文憑回到台灣求職，除非是熟悉英國的人，不然多數台灣人不見得知道英國學校的排名表現，可能也

1.劍橋是鄉村好學校的代表之一
2.我所就讀的倫敦大學瑪麗皇后分校

1

2

只聽過劍橋、牛津、帝國理工、倫敦政經、中央聖馬丁……等知名學校，其餘的英國學校對他們來說其實都差不多，甚至有地名有加分（如曼徹斯特大學）。在他們的眼裡，我只是一個擁有英國文憑的留學生，至於學校究竟是第十五名還是第二十五名，其實就差不了多少了。因此更重要的，反而是國外留學的經驗中，給了我什麼額外的附加價值，讓我變得突出。

而最玄的地方就是，擁有名校的加持不代表能找到好的工作，而好的工作也並非擁有名校的加持就會讓你有好的工作表現。學校與成績只是一個敲門磚，剩下的表現其實是你的思維方式與個人特質，就如同只有好的成績不代表一定能帶你進名校一樣。不過，雖然學校排名只是參考用，卻還是有它管用的地方，當「優秀」的學生齊聚一堂時，彼此切磋學問所擦撞出來的火花，確實非常美麗而壯觀，而當你將自己置身在高強度的環境裡，不知不覺中你的能力也會提升不少。所以關於學校排名，我個人是覺得自己「心安理得」就好。

頻繁的參與社交活動，能夠結識更多人

教授不僅記得我的名字，在課堂中也蠻喜歡點我回答問題。而自從我成了她的論文指導學生後，我的名字就更常被呼喚了……

所有研究生的終極大魔王

畢業論文，慎選題目與教授

英國的研究所是一年三個學期的學制，開學時段分別是九月入學、一月聖誕跨年假期後與四月復活節假期後。雖然學期中有大大小小的報告與考試，但所有研究生的終極大魔王，依然還是令人聞之色變的畢業論文。

字數該寫多少字，指導教授才是重點

比起平常要繳交的三千字報告，我們學校的論文字數規定是一萬字，足足多了三倍！一萬字是建議字數，越接近越好，但也不會因為多寫或少寫字數扣分。我想大概是因為學生很多，教授要批改的論文數量也非常多，所以希望每一篇的篇幅不要太大。但是早我一年留學英國的大學同學Chris，就讀英國華威大學的研究所，他的論文則寫了將近二萬字，教授才比較滿意，所以關於論文的字數也說不準，一切都取決於你跟教授之間的共識。

選擇指導教授的時候，學生們會先私下做功課，了解教授們擅長的領域與強項的同時，衡量與自己想寫的題目是否有相關聯。而每位指導教授能收取的學生數量也不多，所以比較熱門的教授就會面臨需要挑學生的狀況。學生們甚至會在教授的辦公時間前去拜訪，也就是培養感情。

當初選擇指導教授的時候，我其實還不是很清楚自己論文的研究方向，所以只填了一張學校發的研究志願問卷，透過問卷了解你有興趣的研究方向，並配對相關的教授給你。二〇一四年二月，第二學期初的時候，我收到學校配對的指導教授。看了看教授的名字，我心想：「Yasmin……咦，這不就是品牌管理學的新加坡教授嗎？」

將論文主題定在台灣，方便未來取材與工作

Yasmin是我們當年的系主任，也是第二學期「品牌管理學」的授課教授。巧的是，雖然班上的同學眾多，但我相信Yasmin教授應該是記得我的。因為品牌管理學第一堂課的時候，教室的投影機出了狀況，我自告奮勇地上去幫教授修好，教授除了謝謝之外，也隨口問了我的名字。從此之後，她不僅記得我的名字，在課堂中也蠻喜歡點我回答問題。而自從我成了她的論文指導學生後，我的名字就更常被呼喚了（笑），因為知道可能被點名，我有時候乾脆主動回答問題，解救老師問問題無人回應的窘境。

有些老師對學生的研究方向非常主觀，甚至已經擬定好研究計劃要學生去做。不過我的教授倒是對此滿自由的，一次次的討論中，Yasmin教授教導我如何慢慢的歸納想法並縮小研究範圍，同時我也請教前輩，並運用了一些小技巧來協助我題目的擬定。因為並非專業的學術人士，也不想要給自己找太多麻煩。我將研究的範圍定在台灣市場，也方便到時候我的問卷甚至是研究訪談的資料樣本收集，可以透過身邊親朋好友幫忙。

當時有幾個國外知名的品牌進駐台灣，開幕時期排隊人龍非常的長，造成一種「排隊效應」，例如日本Uniqlo、美國Krispy Kream、香港添好運……等等。卻也有部分品牌進駐後並未造成轟動，最後也不得已退出台灣市場，如美國Dunkin Donuts、英國Marks & Spencer。至於是什麼因素成就了一個國際品牌成功進入台灣市場，甚至讓台灣消費者甘願花錢花時間排隊，就成了我的研究主題。

有科目被當掉時，該先補考還是寫論文？

五月的期末考完畢後，所有學校的研究所課程就宣告結束了，只剩下畢業論文需在九月一日繳交。許多國際生選擇返鄉完成論文，而我很清楚知道自己若是回台灣寫論文，肯定會因朋友聚會太多而拖累寫作進度。所以我選擇續留倫敦寫作，順便善用學校的學術資源。

但在論文尚未提筆前，我遇到了一個大難題。難題不是在寫論文本身，而是因為學期末總成績出來

Hoxton Hotel 的大廳是個適合寫論文的地方

後，我的「組織行為學」被羅教授當掉了。我必須決定是不是要準備補考，但因為之前已經吃過羅教授嚴格批改作業的閉門羹，我甚至不曉得我補考之後的成績會不會過關。加上自己貪玩，五月考試完後出國玩了一趟，論文進度已落後，所以是不是要花時間準備補考成了一大難題。跟Yasmin教授私下討論完這個狀況後，我決定放棄「組織行為學」的補考，努力專攻我的畢業論文。畢竟就算一科成績沒有通過，依然可以繳交論文順利畢業。（三科以上被當掉的話，論文會被擋修，不准寫）

在真實世界裡，關關難過，不一定關關過，這也是學習的一部份。人生就是在一次次的難題中，學會做事情的方法並承擔做決定的結果。

因進度落後，寫論文時期的我，覺得自己仿佛開啟了某一種論文魔咒的生活模式，吃飯時會想下一段論文寫什麼，洗澡時想下一段寫什麼，等電梯時想下一段寫什麼，完全陷在論文的苦海中。更令人緊張的是，Yasmin教授在七月初告訴我，她七月底到八月中旬要放年假回新加坡，那段時間沒辦法聯絡到她，所以建議我先給她看部分的草稿，確定寫作方向沒問題。等她回來時我就應該要寫完了，她再看看完整的草稿。

從當掉的作業，到優等的畢業論文

就這樣，我在沒有教授的協助下，半摸索、半憑自己所學，我完成了論文最重要的兩大部分：研究樣本收集與成果分析。而我必須說，寫論文收集問卷時，真的就是在考驗平時交友狀況。很感謝當時的朋友們，短短三天內，我的問卷數量就達到百分之八十的完成度，朋友們告訴我，除了填問卷外，他們還把問卷另外轉貼給自己的朋友們填。根本把我的作業當自己的作業在幫忙，讓我感動萬分。

完成論文草稿並聽取教授的建議稍做修改後，我如期將畢業論文影印、送件繳交，終於完成「研究所的里程碑」，一切只剩靜候佳音。十五天後，我的畢業論文成績得到七十分以上的優等等級評分（英國評分等級分成當掉、過關、佳作、優等四個等級），而且另外一個評分教授給我的成績還比我的指導教授Yasmin給的還高，真是讓我受寵若驚。我的英國求

1

學之路，從最初被當掉的第一份作業，最後用優等的論文漂亮的收尾，也算是圓滿落幕了。

1.Caspar、Ling與我常在研究室寫論文，比較不會偷懶
2.努力之餘，祈禱論文一切順利

倫敦哪裡不一樣？

身為一個倫敦研究生，必須先簡單了解英國學制與基本論文規定

- 英國的研究所是一年三個學期的學制，開學時段分別是九月入學、一月聖誕跨年假期後與四月復活節假期後。
- 畢業論文一萬字起跳，依照指導教授而各有不同，慎選教授。
- 因學校而異，三科以上被當掉的話，論文會被擋修，因此要注意自己平時的學習成績。

學英文這檔事

在異鄉，當地語言才是生活工具

剛到倫敦的時候，我有時候講英文講到一半還會不小心夾雜中文的「那個」或「反正」這類的連接詞，還好外國人聽不懂中文，聽到以為我在講什麼發音不準的單字……

出國留學，當地語言成了每天必須的生活工具，不再只是課本上生硬的單字與文法，生活中的英文跟課本和考試有著天壤之別。我來到英國後，非常希望增進自己生活英語的能力，畢竟要跟外國人打成一片、甚至是要在外國工作，談吐流利是最基本的。除此之外，英國人很喜歡開玩笑，也常常考驗你的反應能力，這時流利的應答更顯重要，如此他們才不會覺得你很無聊，連開玩笑都不配合。

勇於開口回話，學習倫敦式幽默

例如某次我去東倫敦的傳統早餐店E Pellicci吃早餐，店內客人非常多，所以老闆請我跟一位英國爸爸跟兩個兒子併桌，正當我放下包包時，隔壁桌的客人起身離開了，我就自然地改坐到空的餐桌，原餐桌的英國老爸就開玩笑說：「咦，你怎麼跑去那邊坐，你不喜歡我們喔？」這時，我可以禮貌的回：「沒有拉，看你們桌上擺滿食物，不想讓你們更擠。」也可以更幽默地回：「沒有啦，我看你們桌上擺滿美食，怕我等下一不小心偷夾了一塊。」甚至對熟人我可能就會反開玩笑回：「你手臂這麼壯，吃到一半不小心肘擊到我，我不就吐出來了。」而外國人這樣的玩笑話毫無惡意，但如果你愣在那不反應，場面就略顯尷尬，外國人可能還要先給你台階下，說：「我開玩笑的，你別生氣。」

這些都是我去英國後才訓練出的臨場反應，剛到倫敦的時候，我都還在用中翻英的思維講英文，更糗的是，有時候講英文講到一半還會不小心夾雜中文的「那個」或「反正」這類的連接詞，還好外國人聽不懂中文，聽到英文句中的幾個中文字都會以為我在講什麼發音不準的單字（笑）。

在這個滿是外國人的城市內，交際是練習英文的最佳工具

台灣人面對英文普遍有一個狀況，背單字與紙筆測驗很擅長，但對英語會話卻沒有自信，不敢開口講、開口發問、表達想法，深怕開口講錯會被笑，就越變越害羞。在國外時，也容易看到台灣同學們齊聚一堂講中文，對英文自然沒任何幫助。而跟外國同學們同一組的我，身為「落單的亞洲人」，外國同學們就找到機會，請我解答他們對亞洲的種種疑惑。希臘同學Eleni開玩笑的跟我說：「你們亞洲人很奇怪耶，每次上課都這麼安靜，回答問題也吱吱嗚嗚的，可是每次考試成績出來時，得分常常都比我高，實在太不合理了！」可以感覺到，她為台灣人擅長考試的情形，恨得牙癢癢。

從生活中學英文，先挑喜歡的事物開始

確實，台灣人都很會「唸」英文、「考」英文，恰好跟外國同學不太一樣。曾經在英式酒吧遇到一個會講中文的外國人，他的中文應答都還算流利，卻一個中文字都看不懂、也不會寫，更不用說要看部首猜發音了。問他平常怎麼學中文？他回答，沒有正式上課，純粹對亞洲文化有興趣，偶爾會看有打上英文字

幕的台灣偶像劇，也會聽周杰倫的歌，聽著聽著就慢慢學著講了，後來他交了一個台灣女朋友，中文更是進步神速。我心想，難怪他講的中文是台灣腔。

聽了這番話，我決定效仿他的方法學英文（除了交外國女友以外）。我從自己喜歡的事物開始，在家看電影的時候選擇英文字幕、聽音樂時注意聽歌詞、拿著地鐵報翻閱足球新聞、利用手機的播客（Podcast）免費下載英國電影雜誌《Empire》的廣播。原本課本上無聊且事不關己的語言，頓時轉化成讓我想要挖掘更多資訊的根基。英文能力慢慢上手後，我體會了語言的強大魔力，也是新知識的開端。

你是不是常常發現維基百科的英文版解釋通常都比中文多很多，甚至用 Google 搜尋義大利旅遊的時候，用中文搜尋「義大利旅遊」有一百筆搜尋結果，用英文搜尋「Italy top sightseeing」卻出現三倍多的文章數量。

外國人的旅遊內容跟台灣網友們有所不同，是另一種參考角度。學習不同的語言，是給自己一把鑰匙，同往更大的知識寶庫。

遇到華人說母語，非華人便說英文

我將英文完完全融入自己的生活，耳濡目染之下，也明顯感受到自己語文能力的進步。也因為這些視聽媒體相當生活化，我學會英國在地的一些用語，生活化的程度就好像台灣人口中的「真的假的！?」

說到底，語言還是要用來「說」的，在倫敦這個國際大城遇到的任何人，有一半的機會不是英國人，雖然雙方一來一往用英語溝通，其實對彼此而言都不是母語。我不流利，你搞不好比我更不擅長，自然而然就不會有開口說話的恐懼感了。

我的語言學習之路，就建立在每天百分之七十的英文環境與三十%的中文環境。遇到外國人時講英文，遇到華人時講中文，如果中文講到一半有外國人加入對話，就自動將語言切換成英文（外國人覺得在非本國人面前講自己的母語很沒有禮貌），讓他們有參與感。不少外國人也愛開玩笑，聽到我跟朋友講中文時，會回答我：「對，我同意你的看法。」但他壓根不曉得我在講什麼。我有時候會開玩笑回他：「我在用中文講你的壞話，你還同意我，哈哈哈。」當然

每天必看的免費地鐵日報，尤其是後面的足球專欄

我也會讓他知道我在開玩笑，並跟他解釋我剛剛中文的內容。

有趣的是，在倫敦的生活中總有遇到幾個台灣人，即使他們知道我是台灣人，也曉得我會講中文，但是私下交談時就是堅持要用英文對話，我也聽得出對方的英文並不流利，但心想或許他逼自己學英文的方式，就是百分之百全程講英文吧！不想跟台灣人太常在一起，讓英文程度停滯，所以都跟外國人玩在一塊的心態我明白，但是跟台灣人在一起卻又不想講中文，我就想破頭也不知道為什麼要這樣。我的看法是，看到台灣人時，覺得可以痛快地用彼此的母語，批哩啪拉講一堆英文不知該如何解釋的詞彙，適時加進幾句台語，這樣更是家鄉味無窮呀！

在倫敦生活久了發現，語言並不會成為人與人之間的隔閡，而是「態度」與「行為」才會影響別人對你的印象。

倫敦哪裡不一樣？

在倫敦這個國際都市中，有哪些地方可以讓你快速學習英文呢？

- 路人偶然丟來的倫敦式玩笑，可訓練臨場反應。
- 有五成機率遇到的人並非本國人，你不流利他可能也不擅長，勇敢開口吧！
- 地鐵站的免費地鐵報，是珍貴的學習來源，也可獲取最新資訊。

畢業，開啟另一段旅程

留在原地，學習更多的「倫敦」

在英國唸書的學生們通常有三件主要的事情要做，唸書、玩耍、跟睡覺，但通常這三件事情只能做到其中的兩件，至於你要做其中的哪兩件事，就看你的決定了……

畢業後，大家在宿舍照最後一張相

每當回顧英國留學生活的點滴時，總會發現一切跟當初想的不太一樣。二〇一四年畢業後，我自信滿滿的認為，經過一年的洗禮，我已經精通所謂的「倫敦生活」了，也很滿意自己在倫敦的所學與成就。但三年後，我的倫敦旅程在二〇一七年真正結束時，回頭一看才知道，當年自己所認為的「倫敦生活」，其實只是冰山一角而已，關於倫敦的大小事，永遠都學不完。

歐美朋友愛派對，交遊廣闊但都不熟

從照片中可能會發現，學生時期的後期，跟我常常混在一起的朋友們清一色都是台灣人。這其中的原因，並不是因為語言的代溝，反而是我認識的外國朋友們，雖然個性與態度都非常好，但慢慢認識之後發現，我們彼此的興趣與喜好不太一樣，喜歡的聚會模

1.與朋友一起體驗在倫敦市內泛舟
2.體驗異國美食，同時也結交新朋友

1

式也不同，不久後就漸行漸遠。

歐美朋友們總會約我一起去酒吧喝酒或跳舞，也會叫我帶自己的朋友一起去，當所有的朋友都帶自己的朋友時，全場可能就有十五到二十個人在酒吧喝酒。因為很多都是朋友的朋友，這些面孔連看都沒看過，甚至連約我去的那位朋友也不認識這些人。喝酒時會分成一小團、一小團的人聚在一起聊天，聊一聊之後再換一組人聊，大家就好像玩著大風吹一般，一邊聊天、一邊認識彼此。一個晚上下來，會認識很多新朋友，但因為相處的時間不是很長，也不熟悉對方的個性，就算對方在社群軟體送出好友邀請加了你，下次可能也不會再見到（這是為什麼常看到外國人不太用Facebook，但好友數都破千的原因）。

另外，這些歐美朋友們的聚會中，鮮少看到亞洲人在場，雖然我成了稀有品種一般的存在，但大家看待我也一視同仁，一點也不會不自在。反而是我在一連串認識了許多點頭之交後，回到家總覺得有點空虛，久而久之就不主動參與這些活動了，頂多去他們的生日派對。

2

華人朋友吃飯聚餐，是異鄉的家鄉味

相較歐美朋友們的玩法，台灣人認識新朋友的方式稍稍不同。常常以吃飯聚餐居多，偶爾去中國城唱卡拉OK或夜店，可能還會相約一起去旅遊。吃飯的場合大多都是幾個熟識的朋友，人數不多，一桌頂多六到八個人。聚餐的人偶爾會提問：「那我可以另外多帶一個朋友來嗎？」因此新朋友就加入了聚會。小群體坐在一起聊天講話，更能好好認識新朋友，相反的，新朋友也能好好認識在場每個人的個性，如果彼此都覺得聊得很盡興，那這個組合在未來就很有可能會再次重現。

雖然在英國長久與華人聚在一塊，卻沒有影響到我的語文能力，後來在英國的工作經驗也證實了這件事。因為居住的環境是全英語環境，就算身邊的朋友是華人，但是除此之外的每一個互動，不管是跟咖啡廳的店員聊天、路人向你問路、在地鐵上跟陌生人講話、詢問餐廳店員餐單上哪一道菜最推薦……等等，生活全程都使用英文。

因此，人們對語言、生活的態度，才真正影響語

1

文發展。害怕與人接觸、害怕開口說，才是扼殺語文進步的主因，就好比剛考取汽車駕照卻遲遲不敢開車上路一樣。

出發留學英國前，曾是過來人的留學顧問凱因斯告訴我：「在英國唸書的學生們通常有三件主要的事情要做，唸書、玩耍、跟睡覺，但通常這三件事情只能做到其中的兩件，至於你要做其中的哪兩件事，就看你的決定了。」我想我應該是犧牲睡眠的那一位吧！（笑）

畢業了，他人選擇離去，而我留下

二〇一四年九月，恭喜我畢業的校方信件寄到信箱時，我的留學生涯也正式在宣告全劇終了。這一張薄薄的畢業證書，代表著我以非母語的第二語言完成了研究所的成就，也肯定自己在截然不同的文化中生存的能力。而自己身為留學的過來人，我會給的建議是：「不要帶著成見去嘗試每件新事物。」我上述的經驗故事只是我個人的經歷，不代表你遇到的故事會跟我相同，你的喜好可能也跟我不一樣。只有自己體

1.英國的畢業典禮，有種「哈利波特」的感覺
2.當朋友都離開時，我選擇留下繼續探索這個繁華的倫敦

驗過後，才能用自己的角度評論自己的感受，並決定如何看待與選擇。

在大部分同學紛紛收拾行李返回家鄉或準備回家前最後的歐洲壯遊時，我開始著手準備英國工作履歷，決定續留倫敦把剩下四個月的學生簽證用得淋漓盡致。而這四個月的倫敦生活，開啟了一段全新的倫敦旅程。

工作

CHAPTER 2

開始在異國討生活

不到一個星期，我就幸運收到面試邀約的E-mail。依循過往的面試經驗，我觀察了一下蘋果直營店內店員們的穿著，大家都穿著海軍藍的素色T恤、胸口印著白色蘋果LOGO的員工制服，但員工制服底下卻各有不同穿衣風格。有的員工穿著運動鞋、有的穿著皮鞋，有的滿身刺青、耳環是誇張的黑色吊飾、有的卻乾乾淨淨、頭髮整齊。

山不轉路轉

想當辦公族？先審視自身條件吧！

工作履歷不算是很漂亮的我，很清楚自己在人力資源眼中的模樣，想要透過過去經驗來找工作，對我來說顯然是個難題……

畢業後的我，搬到了西倫敦的切爾西社區，也開始了我的求職之旅。

求職版臉書，領英（Linkedin）

在英國找工作就跟當初在學校寫報告一樣，跟台灣相比截然不同。英國的求職履歷（CV或Resume）講求應徵者的學經歷，喜歡一張A4紙的篇幅大小，列出最重要的學經歷與工作內容，不需附上照片（時尚精品銷售可能需要）。履歷之外再附加一張A4篇幅的求職信（Cover Letter），用書信的方式提供給面試官，描述自己為什麼想要應徵這份工作。跟往常台灣104人力銀行洋洋灑灑好幾頁的履歷表，附上照片、已婚未婚、有沒有駕照、語文能力如何、外加幾百字的自傳相比，英國的履歷顯得簡潔有力。

除了自製文件格式的履歷以外，英國也非常流行社群網路履歷，也就是求職版的臉書，叫做「領英（Linkedin）」。領英個人頁面的呈現格式就如同上述所說的英國紙本履歷，可以逐欄填寫自己的學經歷與得獎成就，除了製作自己的電子履歷之外，還可以看到朋友圈的電子履歷、現任職位、彼此的共同聯絡人或關係人，可以透過關係人的強連結或弱連結，接觸到潛在的工作機會。除了使用領英搜尋工作之外，我最常使用的網路平台是indeed.co.uk，它算是結合所有各行各業求職訊息的搜尋引擎，搜尋到求職消息後，需另外到該公司的求職頁面投遞履歷。

找工作需謹慎，小心變成拋棄式人力

歸納我個人的求職經驗，大多的英國公司非常重視實習經驗與工作經驗，甚至許多公司都會註明就算

沒有工作經驗，至少也要有實習的經驗，而工作經驗的話，比較認可英國當地的工作經驗，其他國家的工作經驗只是參考。許多公司會開出實習生（Intern）職缺給剛出社會的新鮮人應徵，這些為期三到六個月的實習生職缺是沒有薪水的，只有午餐與交通費補助。新鮮人需要工作經驗，公司需要省錢，這樣一個願打、一個願挨的情況下，實習風氣在英國就此盛興起來。

我評估了自己的情況，在剩下的四個半月裡，沒有賺錢的情況下支付生活開銷與繳房租，經濟壓力實在太大了，於是打消任何實習的念頭。而且實習生的三個月工作結束後，公司也會評估是否將實習生轉為正職，轉為正職的機會就已經微乎其微了，如果還要公司花錢為這個人辦工作簽證的話，那更是機會渺茫。而資方也不是省油的燈，如果開放實習機會就是為了要培養未來的正職人員的話，自然就不會優先考慮需要申請工作簽證的應試者。除非公司的計畫是要利用這些拋棄式的廉價人力，用完就可以找下一批人力接班。對於找工作的我，如果遇到這樣的公司也需要格外小心才行。

我參加面試時的穿著

重新審視自身條件，決定轉換求職跑道

工作履歷不算是很漂亮的我，很清楚自己在人力資源眼中的模樣：排名中上的研究所行銷學畢業、簽證剩四個月、雙語、在台灣的公關業有一年的工讀經驗與一年的機場替代役經驗。以一般企業各單位部門來說沒有什麼特別的價值，且在公關行業裡，英國與台灣是截然不同的市場與文化，沒有太多經驗可以傳承，英國與台灣之間合作的公司也非常少，沒有什麼

人脈可以連接。想要透過過去經驗來找工作，對我來説顯然是個難題，一次次投遞辦公室工作的履歷沒消息、沒有任何回覆的空白收件夾結果中，我告訴自己該執行B計畫。

我調整了自己的腳步，並重新檢視自己的條件：雙語、市場行銷相關的高學歷、擁有公關業的禮貌態度與表達能力、剩下幾個月的工作時間。我百分之百落在百貨精品業銷售人員的條件裡，而工作時間點也恰巧在歐洲最忙的聖誕購物季。編修自己的工作履歷與求職信後，我收到非常多國際品牌的面試通知，我從中選擇兩家做面試準備。一個是珠寶品牌 Tiffany & Co.，另一個則是英國百年百貨 Selfridges。

國際品牌大量招募，求職前要先線上考試

兩家面試都是因應聖誕季節，需要找多位銷售人員，這種大公司的團體招募活動，在網路上求職時都會伴隨著一份電腦考試，內容是二十至三十道選擇題，大約需要花十五分鐘作答。Selfridges百貨更是特別，除了選擇題之外，它還有幾題是需要透過視訊錄影在考試頁面當場錄下來答題，意思是應試者還需要稍微梳妝打扮，在電腦面前開啟視訊並錄製作答的影片。

這些選擇題，主要都是「預設情境題」，簡單一些的像是：「今天外面是下雨天，客人撐著雨傘走進店裡，全身濕透。你會怎麼做？」進階一點的例如：「你正在服務一位先生，這時一位熟客相當著急地走進店裡求助，你觀望了一下發現沒有任何其他同事有空。正在服務另一位先生的你，這時你會怎麼做？」答案會有ABC三個選項提供選擇，有些題目讀來模稜兩可，沒有正確答案。我認為，這些題目只是在測驗你面對服務的本質，你會做哪些選擇，而這些選擇是不是符合本公司的要求與企業服務宗旨。

做完了這些事前問卷之後，接下來就是關鍵的現場面試了。

初次提槍上陣，迎接考驗

Tiffany & Co.與Selfridges面試初體驗

應試前，人力資源會寄給你一張標題寫著Myself的表單，除了填表之外，我還無聊卻有點創意的將標題的Myself改成My Selfridges……

珠寶品牌 Tiffany & Co. 的面試活動在一間飯店會場舉辦，其中分成個人面試與模擬情況劇的實境演戲考試。面試官的問題沒有任何令人措手不及的難題，反而像是在聊天了解你是什麼樣的一個人，例如：「你為什麼喜歡本公司？」、「告訴我你曾經排除萬難解決問題的經驗？」與「談談你自己」……等等，這些面試必問的幾個經典題，一個都沒有少。

Tiffany面試時收到的小禮物

話劇模擬，現場測驗你的反應力

實境演戲的情況劇才是最精采刺激的面試關卡，一次一位進入應試房間，房間的佈置宛如一家小型珠寶店，店內還有幾櫃飾品與項鍊陳列著，應試者先從黑色箱子中抽出一張題卡，上面寫著考題。題目可能是客人幫新婚夫婦購買禮物，也有可能是想買一份禮物犒賞自己的工作辛勞。應試者假扮店員，由主考官假扮客人，透過情況劇觀察應試者的表現。

第一次參加這種模擬話劇的考試，我的表現過於緊張，在幫客人（主考官）配戴飾品的時候，自己都有一種莫名的尷尬感，當下我就有感覺到：「慘了，這次搞砸了。」但主考官完全不會表現任何不悅，總是笑容滿面的跟你説話，果然是在第一線身經百戰的專業人員。離開會場時，每一位應試者都會領到一袋 Tiffany & Co. 送的小紙袋，裡面裝了一隻經典

1

Tiffany 綠的鉛筆與糖果，果然是世界首屈一指的珠寶品牌，即使是應試者，也會讓他們開心地離開。

知道這次面試表現不好，我回家後有點難過，與其說是難過，比較像是可惜，認為自己沒有把握機會好好表現。不過仔細回想，當初面試時，有一段在休息室等待名字被叫喚的的休息時間，那時桌上放滿大大小小的 Tiffany 盒子與緞帶，桌上也有一張張圖卡，畫著綁出美麗蝴蝶結的每個步驟。我嘗試了好幾次，不管怎麼綁、順序也都正確，但就是綁得不是很好看，連自己也不滿意。「或許這樣的工作本來就不適合我吧！」我這樣安慰自己，並開始著手準備 Selfridges 的面試。

團體面試，嘗試讓自己跟他人不一樣

Selfridges 百貨的面試氣氛相對就輕鬆許多，在百貨公司內部辦公區的會議室舉行，將近有十五位應試者，圍成一圈進行團體面試。應試前，人力資源會寄給你一張標題寫著 Myself 的表單，需填表後印出來帶到面試場。填表內容例如：「你最喜歡百貨公司的哪個位置？」、「你最想要在百貨公司買什麼產

1.Selfridges的特別活動區，正進行冰棒品牌25週年慶典
2.Selfridges的頂樓特別活動區，與知名餐飲合作的活動

品？」等等之類的問答題。除了填表之外，我還無聊卻有點創意的將標題的 Myself 改成 My Selfridges。

團體面試由兩位主考官主持，應試者先一個個輪流自我介紹，自我介紹的同時也拿出自己的 Myself 表單，像演說課一樣向大家說明你寫的答案與為什麼。從大家自我介紹的過程中，我發現應試者大部分是就讀服裝設計或服裝行銷的學生，甚至許多人都有服飾業的工作經驗。相較之下，我反而像是個局外人，但我沒有因此退縮，而且我發現我的答案都跟大家不太一樣，當大家都在說自己最喜歡的百貨公司位置是女生最愛的高跟鞋區或一樓名牌包包區時，我回答了百貨公司一樓角落的活動專用區。

身為經典百年百貨，同時座落在人山人海的牛津街，一樓角落的活動專區是各大品牌舉行宣傳活動的地方，既然是在百貨公司裡面，哪些品牌的宣傳活動夠資格跟 Selfridges 的經營理念匹配，當然也是由百貨公司決定，因此這塊區域屬於一個獨特的空間。

除了團體面試之外，當天也有個人面試，由其中一個主考官一對一面試。面試的題目與問題，其實跟 Tiffany & Co. 的內容非常類似，主要就是在了解你這個人是怎麼樣的一個人，是不是符合公司的價值觀。由於這方面是我擅長的項目，面試題目也都有先事準備，所以整體的面試流程感覺上是順利的。不過有強力的勁敵環繞，或許這次的面試成果只是自我感覺良好，究竟能不能得到工作，還是個未知數。

我與Yihan成為相當要好的朋友

倫敦 小花絮

面試中的緣分，巧遇未來的貴人Yihan

有趣的是，在個人面試等待時間，我認識了一個中國女生 Yihan，她當時就讀於倫敦藝術學院，因為覺得聊得來而交換了 Facebook，想著或許之後可以交換工作訊息，大不了就像外國人們的 Facebook 一樣，充滿點頭之交，搞不好還忘記在哪裡認識的。Selfridges 面試故事的結果出爐，我拿到了工作，Yihan 則沒有。但我後來沒去 Selfridges 上班，她則輾轉得到一份在 Selfridges 櫃位的工作。結局是，我們都得到想要的工作，而且也保持聯絡，但後續發生了什麼，那就是另一個故事了。

打鐵趁熱，繼續出發

AllSaints實戰型投履歷與面試

聊到最後，Mark 告訴我他其實就是男裝經理，而剛剛的整個過程其實就是面試過程，恭喜我獲得職缺……

找工作的期間，我隨時都帶著兩、三份影印好的紙本履歷在身上以備不時之需，履歷的用紙，我會選擇較一般用紙更厚、更有質感的A4紙張，這種摸起來有點像卡片紙的「高級履歷」，在一堆紙張之中很容易凸顯出差異，會讓人想拿起來瞧瞧，這純粹是自己的想法啦！至於實際有沒有效果我其實也不知道。

碰運氣，到攝政街親自上門投履歷

結束 Selfridges 的團體面試，踏出百年百貨後，面對高手如雲激烈的競爭，我緊張了起來。一方面擔心面試會落選，另一方面趁著剛面試完戰鬥意志還高昂時，我打鐵趁熱，走到十分鐘路程的逛街聖地攝政街（Regent Street），並向 AllSaints 倫敦旗艦店投遞履歷。

AllSaints 是一間英國起家，具有東倫敦風格的服飾品牌，其中以皮革外套最為經典，當時在台灣與中國都尚無據點。而在眾多倫敦服飾品牌中，AllSaints 是我最喜歡的品牌之一，俐落的剪裁，帶有一點龐克搖滾的英倫氣質，正是我平常的穿衣風格。（沒想到一年後，AllSaints 竟然也進駐台灣，在新光三越百貨設櫃）

大部分的連鎖品牌都是透過線上求職的方式招募員工，少部分店家可以碰碰運氣，親自拜訪分店詢問是否有職缺，但店員給的回應通常是「不曉得」、「請上網投遞」、「把履歷給我們再聯絡」等答案，而我來到 AllSaints 旗艦店的際遇則稍微好了些。

AllSaints 全店總共有三層樓，一樓是男裝、二樓是女裝、地下室是女裝飾品、包包與鞋子。我趁著剛過午休時間，店內還不忙碌的時段，挑了一位看起來較資深、頭髮長長、帶著帽子名叫 Tim 的男店員（後來才知道他是男裝副理），表明來意後我遞出履歷表給他，他走到櫃檯後方看了我的履歷三十秒，告訴我隔天下午四點來面試，送我出店門口後，他又回去忙了，果然是永不停歇的攝政街。

實戰就是面試，經理暗中觀察

隔天，我穿上我的 AllSaints 行頭前往旗艦店，店裡一位手臂滿是刺青的金髮男生 Mark 上前來接待我，寒暄問候並聊了幾句後，他可能看我剛好穿著自家服裝，就請我假裝扮演店員站在男裝區賣衣服給客人。我環顧了四周，大部分的客人看起來較像住在倫敦的在地人，較 Burberry 這種大眾精品的觀光客人潮來的少，顧客年紀也是較年輕的客群。

我偶爾上前詢問客人是否需要協助，其他的時間則多半替客人們尋找衣服尺寸。大約三十分鐘後，Mark 似乎忙完他的待辦事項，回到我旁邊開始跟我聊天，聊到過去在倫敦做些什麼事、對行銷學的看法、學過行銷學後對顧客行為有什麼見解等等。聊到最後，Mark 告訴我他其實就是男裝經理，而剛剛的整個過程其實就是面試，恭喜我獲得職缺，他會在用 E-mail 聯絡我到職訓練日期。

在得到 AllSaints 工作的三天後，百年百貨 Selfridges 的人資小姐也致電恭喜我錄取一樓百貨精品的職缺。這下我面臨選擇市場地位崇高的 Selfridges 專櫃櫃員或是流行品牌旗艦店 AllSaints 店員的抉擇。經過深思熟慮後，我放棄了 Selfridges 的工作，選擇了 AllSaints。我評估了自己剩下的三個月在英國想要如何度過，究竟是站在一格小櫃位販賣知名女性品牌包包？還是在倫敦最熱鬧的商店街中，一間三層樓旗艦店整體營運與服務的最前線，販賣自己也很喜歡的品牌商品呢？答案很容易就脫口而出。

聖誕節巔峰檔期，店員來自世界各地

在 AllSaints 上班的第一天，看到十幾位新人也一同來受訓。一問之下才發現，原來我跟 Mark 面試後的那個週末，店裡舉辦了三十多人的團體面試，而我是跳過團體面試，直接被錄取的人。Mark 面試我的當天，大可以叫我週末再來團體面試一次，但他當天就決定錄取我，也算是對我的另一種肯定吧！

這些新進人員來自各個不同的國籍，有英國、

我所工作的地點位於倫敦最精華的攝政街

法國、美國、斯洛伐克、葡萄牙、匈牙利、中國……等，都是跟我一樣為期三個月的聖誕檔期合約。唯一不同的是每個人的工作時數，還在學校念書的每週十六小時，而像我一樣已經畢業的則是全職，每週工作四十個小時（週休二日）。雖然我的英國學生簽證上印著「在學期間每週最多只能工作十六小時」但是因為是印「在學」，所以畢業之後就可以不受此限制了，向人資部門解釋之後，他們同意給我全職工作。由於英國對非法工作相當嚴格，甚至入職前會有背景調查（Reference Check），確認你提供的資料一切屬實。

倫敦
小花絮

認識一位朋友，帶來更多朋友

婉拒 Selfridges 百貨後的幾天，面試上遇到的中國女生 Yihan 在 Facebook 上私訊了我，詢問錄取結果，我告訴她我有錄取，但因為決定去 AllSaints 所以婉拒了。她則說自己沒有收到通知，八成是落榜了，畢竟英國公司很喜歡在錄取後拖好幾個禮拜，確認所有人數都招募齊全後，才統一發信告知落榜者。

當時面試後，我們曾半開玩笑的說，誰先找到工作誰就先請對方喝酒，於是我們便約在倫敦市中心的 Soho 區小酌。當天 Yihan 帶著四位她在倫藝大的女同學一同來喝酒，分別是來自法國的 Anais、來自西班牙的 Ana、來自菲律賓的 Jenny，還有來自義大利的 Sofia。巧的是，學生時期認識的倫敦朋友大多都返鄉歸國，我正愁倫敦沒剩幾個認識的人，就這樣因一場面試意外認識了這群女生，也一直跟她們有聯絡到各自返鄉為止，也算是一種緣分吧！

聖誕節檔期的同事來自許多國家，我與瑞典同事與斯洛伐克同事合影。

現在，我是服裝師

前進攝政街，體驗時尚最前線

來逛AllSaints的華人客人，多半都是年約二十到三十五歲的年輕人，甚至很多都是在英國唸書的留學生，他們普遍的消費力也相當驚人，看到喜歡的東西不太會計較價格……

在門庭若市的攝政街AllSaints旗艦店，我是男裝部門的銷售員。AllSaints給了銷售員一個聽起來很厲害的工作職稱——Stylist（服裝師），我們不只是賣衣服，更要幫客人打扮得宜。大部分男裝商品位在二樓，少部分主打商品則在一樓吸引客人進門，所以樓上跟樓下我都會輪流駐守。

主管追逐業績，我們則輕鬆銷售

銷售員沒有個人業績，也沒有業績抽成，主要工作目標是突破部門的當日團體業績。因此上班前的晨會，討論主題總是圍繞著業績數字打轉，畢竟在寸土寸金的攝政街購物區，每個小時的現金流量都需要斤斤計較。每天開店時，主管手邊都有去年同一天、同一個小時的業績數字，而每個當班的部門主管會被數字追著跑，努力讓當天的業績贏過去年。從每天晚上閉店時，看著攝政街大多數的服飾店都已早在一小時前就關門的景況，就可以知道AllSaints在這一級購物戰場積極進取的心態。

不過因為沒有個人業績壓力，我們銷售員就過得相對輕鬆，跟客人的互動像是朋友一樣，也不會瘋狂推銷，要客人購買，最後把對方嚇跑。我們的唯一銷售獎勵，建立在客人單筆消費金額超過一千英鎊時，則該銷售員可以獲得五十鎊的現金獎金。但依AllSaints一件經典皮衣三百二十英鎊的標價來說，要客人們單次消費就大手筆的花到一千英磅（當時匯率換算後約台幣五萬元），也是可遇不可求，所以平常銷售員也不太會積極推銷求獎勵。

全店聚會，是訓練也是娛樂

上班一個月後，我參加了第一次的旗艦店全店聚

1.為了迎接世界各地的遊客，AllSaints的店員來自世界各地
2.聖誕季來臨的攝政街，掛上充滿氛圍的燈飾，也象徵著忙碌的來臨

1

會。星期天的英國商店普遍有一個傳統習俗，所有的商店都是中午十二點開門，並在晚上六點前關門，是一週裡最短的營業日，我們的店也利用週日的六點後舉辦全店聚會。我放眼望去，聚會中一百五十個員工，各個都是俊男美女，而我是唯一的台灣人，也是唯一的華人男生，因此成為店裡亞洲的代表人物之一。

全店聚會的內容除了學習不同材質、布料與皮革之外，還有小組競賽遊戲。遊戲內容是限時挑選店內任何產品做整體穿搭與走秀競賽，這時對店內產品與陳列熟悉的銷售員，就可以快速尋找到想搭配的服裝。大家手忙腳亂的將各種服飾穿在Model同事身上，短短五分鐘的時間，每一組Model就都準備好了，其餘的同事們則是席地而坐圍成一圈。櫃台與同事們圍成的圓弧形空間成了評審台與伸展台，頓時彷彿開啟「星光大道節目」，各組Model們出來走秀，再由店內各部門主管擔當評審並給分，哪一組贏了我已經忘記，只記得全場笑聲連連。

成為華人代表，解決倫敦人的文化疑問

由於我是店內華人代表之一，當華人消費者到

2

店裡時，自然而然的就會由我來服務。雖然我不會刻意的選擇客人，但其他同事們常常跟華人客人的溝通結果，都會默默來拍我肩膀請求幫忙。雖然來逛 AllSaints 的華人客人，多半都是年約二十~三十五歲的年輕人，甚至很多都是在英國唸書的留學生，他們普遍的消費力也相當驚人，看到喜歡的東西不太會計較價格，也因為這裡是旗艦店，來自英國其他地方的華人留學生，會進行「一次買齊」般的大血拚。有幾次不小心因這些大筆消費而收到五十鎊獎勵金，其他同事們在旁邊也只能投以羨慕眼神。

想不到，聽到我達到獎勵金的同事們，在店裡遇到我時都會順便恭喜我，這與我印象中服飾業的競爭心態截然不同，我想是因為沒有業績壓力的關係吧！店內銷售數字分析結果顯示，有將近百分之三十的業績都來自華人消費。男裝經理 Mark 某天就感興趣的向我請教華人的消費模式與習慣，關於「為什麼中國客人年紀輕輕卻都穿著貴得要死的行頭？」、「男裝區都是女友帶著男友來挑衣服，男生站在那當柱子給女友比衣服？」、「為什麼男友都會替女友拿包包？」……等等的話題，他聽得點頭如搗蒜。

年輕的男同事們則喜歡要我教他們講中文，畢竟我們都是愛玩的臭男生，學得最快的外國語言永遠都是髒話，英國跟立陶宛同事學起中文髒話後還會現學現賣，在沒有客人時，故意假裝撞到店內欄杆或手夾到衣夾，再搭配剛學來的三字經「他馬德」，雖然音調不是一百分，但是表情動作卻是唯妙唯肖，果真是愛玩的臭男生們。另外，來自瑞典的男同事則在晚上閉店整理時，問我關於台灣與大陸的情況，畢竟他們在學生時期讀到「外國歷史」的中國與台灣，肯定會讓他們對這兩個國家的關係充滿疑惑，我也以台灣人的身分，驕傲地解釋其中原委。

與英國女同事Lauren合影

倫敦哪裡不一樣？

在這個繁華的都市中，有著許多購物鬧區，充斥著時尚精品的攝政街，更是許多國際品牌角逐之地。

- 倫敦的商店，週日固定中午十二點開門，傍晚六點就關門。
- 聖誕節的瘋狂購物季，知名品牌會大肆蒐羅各國銷售員，促進業績。
- 華人消費力驚人，可以佔據至少百分之三十的營業額。

倫敦小花絮

巧遇周杰倫，事後才知他來倫敦求婚

正值聖誕購物季的某天，我看到一位華人上來二樓逛男裝，沒看清楚正面，但他背影是穿著一件黑色且類似棒球外套的夾克，夾克背後刺著非常鮮艷且漂亮的老虎刺繡，仔細瞧了一下他的正面，我心想：「咦，這不就是巨星周杰倫嗎？」我在台灣遇到明星的次數不算少，但是這樣近距離跟亞洲天王級人物互動還是頭一遭。我正好奇著：「周董是一個人來倫敦嗎？」才聽了女裝的中國同事說，當時還是未婚妻的昆凌也出現在我們樓下女裝部。

據說當年冬天周董就是在倫敦跟昆凌求婚並一起挑婚戒與西裝的，事後在社群網路上也看到歌迷們紛紛貼出他們在倫敦與周董的合照。對於偶然遇到名人的情況，我通常選擇不打擾他們為原則，用眼神示意我認得他／她，然後給一個微笑，是我一貫的作風。

之後，我告訴店內其他的外國同事，我遇到鼎鼎大名的周杰倫（Jay Chou），每個同事都霧煞煞的看著我，不知道我在說誰。我只好跟他們說是亞洲歌壇的第一把交椅，不過他們不認識就是不認識，也沒什麼感覺。我想，或許我也曾經服務過許多英國的名人，也因為我不認識他們而毫不自知，大概就是一樣的道理吧！

再回倫敦，重新啟航

二度求職，成功錄取英國時尚品牌

有了第一回的經驗，第二回的倫敦求職記，我很快地鎖定工作方向、投遞履歷。我所投遞的所有工作職缺中，英國時尚精品Burberry是第一個回覆我的……

二〇一四年一月十五日，我結束了第一趟的倫敦行，回到了台灣。

花三個月適應台灣，四個月後再度離鄉

一年半後的台北街景沒有太多的變化，多了一條跨越台北一〇一的捷運信義線，其餘的都還是印象中的台北。生活步調雖然慢了倫敦不少，但依舊是熟悉的家鄉味。如眾人所說的，從英國回來大概需要適應三個月，才會慢慢回到台灣的軌道，我也花了三個月的時間慢慢融回台北的生活圈，並找到五星級飯店的工作開始上班。

然而人生中的計畫從來就趕不上變化，或許冥冥之中自有安排。正當我對飯店業的工作感到困惑，並且發現長遠發展不是自己想要的、覺得不適合自己的時候，因先前不死心、碰運氣再投遞一次的英國打工度假抽籤竟然就抽中了，跟網路上有網友說抽了四次都沒抽中相比，我真是位幸運兒。也因為有了這個打工度假的「備案」，我待在旅館業的心情更是動搖了。跟各方前輩朋友們討論後，最重要的還是家人的意見。生於開放的美式家庭，我很感謝父母的支持，也不忘反問我許多假設的難題，幫助我想得更清楚。

在台灣九個月的短暫停留，讓我明白，我的倫敦之旅只是暫時劃下休止符。二〇一五年十月，飛機降落倫敦希斯洛機場，我又再次回到倫敦。

二度求職，更能精準命中目標

有了第一回的經驗，第二回的倫敦求職記，我很快地鎖定工作方向、投遞履歷。我所投遞的所有工作職缺中，英國時尚精品Burberry是第一個回覆我的。

那時正值商家們各個摩拳擦掌，準備為折扣開戰的聖

誕購物季，各大精品業四處招兵買馬，找來各路好手，就是要在這個歐洲人為之瘋狂、觀光客花錢不手軟的血拚季節一較高下。華人觀光客們是精品業的龐大收入來源，會講中文的銷售員自然而然成為各大精品業網羅的首要對象，對於剛落腳倫敦不久，正迫切需要找份工作安身立命的我，再好不過。

為了補足聖誕季購物的人潮，商家們會雇用合約制的聖誕檔期工作人員，合約是從十一月到隔年一月，為期三個月的購物旺季。之前 AllSaints 的工作如此，這次的 Burberry 也不例外。對我而言，這樣的合約也剛好，因為我的長期目標不是在服飾業工作，合約結束後我就可以順理成章的找下一分工作。而 Burberry 身為英國本土品牌，同時也被各大公司高度認可，無形中替我的英國工作履歷加分不少。這樣互利互惠、各取所需的模式，無論徵才公司或求職者都雙雙滿意。

Burberry總公司面試訪客證

收到通知後，面試就已經開始

由於長期跟陌生人接觸，我對面試不太畏懼。除了本身不怕生之外，從過去面試的寶貴經驗中，我學會如何事先做好功課，而功課的重點大概可以歸納成八個字：「知己知彼，百戰百勝」，我知道這聽起來非常籠統，但是其實就是針對彼此的每個細節各個擊破。

面試並不是當你坐下來跟面試官講話才開始，而是公司人資部門的電話、E-mail 通知就已經開始了。在獲得面試公司的人資人員名字後，我會先去搜尋對方在領英（Linkedin）的個人頁面，了解這個潛在面試官的過去、哪一國人、對什麼有興趣。相對的，當你把履歷投遞出去後，除了閱讀你撰寫的經歷以外，人資部門也會透過它們的資源去搜尋「你是誰」。

面試通常分成「人」與「事」兩大主題，大部分獲得面試機會時，就代表你的能力符合對方的基本要求，能夠完成公司交辦的「事」。剩下的就是「人」的層面，你的個性是不是符合公司文化？適不適合我們團隊？是不是令人討喜？從你口中判斷你所寫的經歷是否屬實……等等。因為牽扯到「人」，因此面試中的挑選結果往往並不科學、不見得按照成績排名，很多時候甚至只是面試官想不想要你這個隊友而已，畢竟面試官大多都是未來的主管。

因此面試的準備功課就是把彼此的「人」與「事」準備好。雖然面試問題可能百百種，但是大多都落在幾個主要的面向：向對方介紹自己、自己為什麼是公司需要的人選、如何從自己過去的經歷幫助公司達成目標、處理事情時的思維方法……等等。我從面試經驗的歸納得知，面試官對你的印象遠比自己的成就還要寶貴，而增加印象的最好方法就是「曉得你的觀眾是誰，並透過故事去刻畫與勾勒你待人處事的哲學」，有時你尚未開口，面試官從第一印象的穿著就可以開始評分了。

穿對衣服，更能增加認同感

回到 Burberry 的面試，收到一如往常的 E-mail 面試通知後，我在領英上做了功課，曉得對方是年輕的人資小姐，而面試的主管是一位英國籍女店長。我依循自己對 Burberry 品牌的喜好，在衣櫃中找到多年前在暢貨中心（Outlet）購買的海軍藍 Burberry 特價風衣，此時正好派上用場，當你穿得越像對方同事們的穿著，就越容易讓別人潛意識中認同你。還記得面試那天是個晴朗的早晨，提前出門的我因提早抵達總公司，就在轉角買了一杯咖啡坐在公司門口的長椅上邊喝著咖啡邊觀察著從公司大門進進出出的員工。總共十一個人的團體面試場合中，有四個是台灣人、一個是香港人、兩個是中國人，其餘四個則是歐洲國籍的應試者。跟所有零售業銷售員面試過程一樣，團體面試之外另有個人面試，面試的對象不出我所料就是英國籍女店長與年輕的人資小姐，女店長是最重要的面試對象。

面試過程中，我能感受到自己面試的順利程度，

穿著Burberry的風衣前去面試

通常有準備的故事都有講到，沒準備的問題都反應得宜時，剩下就是面試的氛圍是不是有說有笑的歡樂氣氛了。面試結束後，我有百分之九十錄取的把握，不過那百分之十的機率依然讓人緊張，通常招募作業流程緩慢的英國（面試到開始工作的時間長達二到三個月很正常），我竟然當天傍晚就被店長親自通知錄取了！想必也是因為聖誕購物季就要一觸即發，我跟店長約好當週去店內簽工作合約。並確認工作的分店位於東倫敦的Burberry Factory，那個曾是工廠，現在變成暢貨中心的折扣門市。巧的是，這間分店就是好友帕美拉當年工作的地方。

意外遇到未來主管，取得面試秘訣

星期四下午踏進店裡簽合約之前，我想著：「先喝一杯咖啡再上」，於是我在店面對街的咖啡廳點了一杯內用咖啡，沒料到一踏進咖啡廳，正好看到當時面試我的店長正在用餐，想當然她也記得我，於是我就拿著咖啡坐在她對面跟她聊了一會兒。我們聊到彼此對於面試的看法與經驗，她也告訴我當時她跟人資的小姐不約而同都覺得我是很適合的人選，也再次恭

常用的求職網站「Indeed」

喜我錄取。

開心之餘，我略帶好奇且有點大膽的請教她對應試者的態度與看法，她也無私地舉例：當天其中一個應試者手指上有一些刺青，雖然刺青在英國很常見，但是 Burberry 的品牌文化明顯走的是清新乾淨的紳士風格，更是不認同銷售員身上有任何刺青紋身。面試時，至少也要透過繃帶、膠帶掩蓋，直接暴露身上的刺青而不另做處理，在她心中就已經不符合資格，剩下的面試過程也相對顯得不重要了。聽到店長這麼一說，我忽然回想到在英國服飾品牌當採購主管的朋友 Kiki 跟我說的：「細節成就一切」，果然正是這個道理。

迎接Outlet觀光潮

體驗最忙碌也最精華的購物季節

工作中主管與員工之間的距離感，在酒精與熱鬧的音樂聲中慢慢拉近了距離，原本還只是站著喝酒聊聊天，不久後就見到全體同仁們跳舞跳成一片……

Burberry員工受訓的第一天，便見到所有團體面試時錄取的應徵者了。算一算，所有華人全數錄取，歐洲人則沒有一個過關的。我心想：「看來這次的招募是有目的性的呀！」實際來到店面時，發現銷售人員中，亞洲人與歐洲人各半，亞洲人中除了會講中文的華人之外，也有幾位韓國人。

暢貨中心多華人消費者，撿便宜為最大目的

我們的門市是單層樓的暢貨中心（Outlet），雖然只有一層樓，店內的空間也不小。主要分成男裝、女裝、飾品加童裝三大區塊，裝潢雖然沒有直營店來得光鮮亮麗，但還是少不了Burberry的品牌氣質。客群是專程來東倫敦非鬧區逛街的消費者，主要為想要撿便宜的華人觀光客或當地居民，偶爾華人的觀光遊覽車還會停在我們店外，成為觀光客購物行程的其中一站。

因客群的不同，我們店內的員工結構就跟倫敦其他地方的直營店不太一樣。除了員工結構不同，銷售員的業績算法也不一樣，因為販賣的是已經過季的折扣商品，銷售員自然沒有業績抽成，純粹領取時薪。唯一的獎金獲得辦法，是當顧客在店內透過網路購物的方式下訂當季正品時，銷售員才能得到一定比例的佣金。

在男裝部門工作的我，這種心血來潮想要購買當季商品的客人佔少數，許多來男裝部的客人甚至是婆婆媽媽，有時是幫親友購物，有時拿來送人。通常她們只須買有品牌LOGO的折扣品即可，雖然獲得獎金的機會較少，但我依然細心揀選客人們會喜歡的折扣商品推薦給他們，公司不太會讓新人經手收銀，所以結帳的工作也多半由其他資深的同事處理。看著

1

長長人龍的結帳隊伍，我也不多想，就先把男裝的分內工作做到最好再說吧！

留職停薪來倫敦打工，台灣女孩只為圓夢

這間位於東倫敦的Burberry暢貨中心，正是我在AllSaints工作時，好友帕美拉工作的分店。事隔一年後，大多數的店員也已經紛紛去別的地方工作了，雖然零售業是一個流動率高的行業，不過還是有幾個人一直都在，其中一位來自台灣的女生Abby，正是還在這間暢貨中心工作的一位。

正式在Burberry工作前，帕美拉就曾跟我說：「你去店裡時，會遇到一位來自台灣的姊姊Abby，你一定要跟她認識，我覺得你們會成為好朋友。」而開始上班後一段時間，我都沒有看到Abby這號人物，一問才知道，原來Abby剛好在我就職的時候跑去放假了，隔了將近一個月後才終於見到她的廬山真面目。Abby同樣隸屬於男裝部門，我們共事沒多久後，果不其然很快地成了好朋友。大我兩、三歲的Abby，也是持有打工度假簽證來倫敦工作兩年的台灣人之一，在台灣擁有穩定收入的她，留職停薪

1.我所工作的Burberry Outlet店門口
2.聖誕節檔期結束前，店長舉辦全店跨年晚會

來倫敦工作與圓夢。她將她兩年的工作時間奉獻給Burberry這家店，除了因工作遇到帕美拉之外，也遇到我。

有點傻大姐個性的Abby，像是親姊姊一樣照顧我，平常不太煮飯的她，是偶爾一起出外吃飯的夥伴。某次我邀請她與我後來的台灣室友姊妹Kimi與Rita四人一起喝英式下午茶，才跟我室友碰第一次面，Abby就答應跟室友姊姊Kimi一起去葡萄牙玩，我心想她們真是奇妙。我的身邊常圍繞著這般有趣的朋友，我串連著我的朋友之餘，也讓別人串連我，就這樣認識了好多人，每個人也都息息相關。半年後因簽證結束回到台灣的Abby，按著當初的計畫跟當時在台灣的男友結婚，晉升為人妻與媽媽，生了個可愛的寶寶。Abby結婚時，人還在英國的我不只收到越洋來倫敦的喜帖之外，還收到結婚囍餅，令我萬分感動。

聖誕季再次結束，再次告別銷售員身分

在Burberry工作時，有位年輕的英國工讀生妹妹看到我，就問說有沒有人曾經說我長得像哪個韓國偶像團體的「〇〇〇」藝人。對於韓國偶像一竅不通

的我，當然不曉得她在說誰，也表示沒有人說過我有明星臉。不敢置信的英國女同事便找來另一位同樣是工讀生的英國女生問：「你不覺得湯瑪士長得像韓國偶像團體的哪個人嗎？」那位女同事想了幾秒，便同樣說出「〇〇〇」這個藝人的名字。於是我瞬間成了外國年輕女生眼中的「K-pop（哈韓風）藝人」。我猜，這就好像亞洲人不太擅長分辨歐洲不同國家人的五官一樣，歐洲人應該也是同樣分不清亞洲人面孔的吧！

聖誕節與跨年後的星期日晚上，店長舉辦了全店晚會並包下了西敏市附近的 Altitude London 活動會場，位居高樓的活動會場，向窗外望去即可看到泰晤士河畔的夜景。平常穿著制服的同事們，當天各個盛裝打扮出席晚會。現場除了酒水以外，服務人員也以托盤不斷來回的分送雞尾酒舞會常看到的小點心，沒有請DJ播放音樂的活動會場，同事們就各個化身成電台DJ，播放著自己手機中最經典的派對歌曲。工作中主管與員工之間的距離感，在酒精與熱鬧的音樂聲中慢慢拉近了距離，原本還只是站著喝酒聊聊天，不久後就見到全體同仁們跳舞跳成一片。果然在倫敦，酒精與音樂就是拉近人與人距離的不二法門。

我在 Burberry 的故事，在跨完年後的全店晚會達到一個高峰後，也進入尾聲了。聖誕檔期合約結束前，主管會詢問每位員工未來的工作規劃與留店意願，我也很老實的報告未來規劃與感謝這三個月來主管們的照顧。三個月的時間並不長，甚至可以說很短，許多公司的試用期也正是三個月的九十天。雖然不長，但這段工作經歷，卻串連著我後來在倫敦的很多事情，非常奇妙。

倫敦西敏寺的Altitude London頂樓活動會場，視野絕佳

陷入求職困境

重新思考自己的下一步

在請人力仲介替我配對工作的幾個星期後，他們老實的跟我說以我的工作履歷，在倫敦要找到行銷領域的正職工作是有困難的……

Burberry工作結束後，我算了算自己剩下的簽證時間，總共還有一年八個月的時間，還有些談判籌碼可以向英國公司爭取辦公室內的行銷工作機會，畢竟行銷學畢業的我，最終的目標還是想在行銷相關領域工作。

重新審視自己，行銷經歷並無成長

再一次的評估自己過去的經歷，跟上一次研究所畢業的評估相比，我多了在AllSaints零售業、W Hotel旅館業與Burberry零售業的經驗。總括來說，沒有任何工作有增長到行銷領域的資歷。對於這樣一年後的結果，我對自己的選擇某方面需要自我反省，也需要更謹慎的規劃下一份工作內容。

我總共兩年的職涯履歷中，只有台灣公關業的工讀經驗勉強沾到一點點行銷，但是這在倫敦公司眼中根本等於沒有經驗。為了應證我的上述猜測，我將履歷分享給英國人力仲介，想透過人力仲介的協助尋找相關的工作內容。

請人力仲介找工作過去在台灣不太盛行，聽到「人力仲介」的台灣人比較常想起「獵人頭公司」，通常是公司要找人才時，才會找獵人頭公司協助挖掘高手，而勞方想換新工作或是待業時，第一念頭都還是人力銀行求職網。然而人力仲介在倫敦其實滿流行的，尤其在倫敦這麼大的市場，一個人（尤其是外國人）很難熟門熟路的透過管道找到自己想要的工作，因此把自己的履歷分享給眾多人力仲介，請他們協助幫你「找工作」也是一個方法。當然如果透過人力仲介幫你找到工作且順利錄取時，給仲介的酬勞就要另外算。

請人力仲介協尋工作，證實自己的推論

在請人力仲介替我配對工作的幾個星期後，他們老實的跟我說以我的工作履歷，在倫敦要找到行銷領域的正職工作是有困難的。除了工作經歷以外，我的簽證時間有限，文化背景也非正相關，這些都是找行銷工作的阻礙。確實，倫敦終究還是歐洲人的市場，歐洲人裡也不乏行銷新鮮人，我在這些人的排名中肯定不是優先順位。英國公司也較少會需要熟悉亞洲文化的新人把產品銷往亞洲，就算有也早就有固定合作的貿易窗口了，這種職缺的競爭肯定非常激烈的。

和我一起找工作的好夥伴大學同學 Chris

我很快的歸納出一個結論，除非已經擁有財務、設計、料理……等等一技之長，或已經具備相關的工作資歷，不然要在英國透過打工度假找到英國公司基礎階層以外的工作，實屬不容易。這裡的基礎階層工作主要是指服務人員、銷售員、餐廳初階內外場、顧客服務中心……等等。

曾有一位來自中國的朋友告訴我，她曾在北京知名國際公關公司工作，在英國唸完研究所後試圖找公關業的工作，英國的同一家公關公司告訴她，如果要在該公司倫敦分部工作，就必須從最基層從零做起。已經在北京公關業夠資深，有能力當主管的她，當然婉拒了英國這邊的提議，返鄉回中國工作了。這就是就業職場最活生生、血淋淋的例子。當然這只是以平均值而論，台灣的優秀人才在倫敦發光發熱的例子絕對不少，我只是就所見所聞做了歸納。

曾經試圖在英國旅程中，找到自己在倫敦市場究竟扮演什麼角色的我，似乎在這個時候也得到答案了。但是知道答案不是重點，重點是下一步該怎麼做？

最直接了當的作法大概就是收山回台灣了吧！但是我在的倫敦闖蕩的目標尚未達成，我還不想離開英國。還沒三十歲的我認為，出門在外的學習都是未來卓越表現的養分。雖然不見得對事業有加分效果，但是就人生經驗而言絕對價值連城。既然決定繼續待在倫敦，下一份工作何去何從，便成為我找工作的重點。

轉向思考，我想在倫敦獲得什麼？

人，對於自己不想要的東西，可以很清楚且容易的分辨。不想要吃青椒、不想要跟這個猛烈追求的男生在一起、不想要在這樣的工作環境上班。但對於自己想要的是什麼？卻不是那麼容易回答，甚至很多人可能根本不知道自己要什麼。即使知道自己要什麼，很多時候也不見得能得到自己想要的結果。

我也不例外，知道自己不想要在服裝業工作，因為曉得自己未來在服裝圈的發展有限，也明白這不是自己最想做的事情。然而自己想做的行銷領域在倫敦卻阻礙重重，投出的履歷常常在好幾週後，得到客氣的拒絕信。與其一直執著在同一個地方打轉，我選擇換一個方式思考：「我最想要在兩年的倫敦經歷中得到什麼額外的經驗或收穫？」我想了想，向自己內心回答：「除了體驗並記錄道地的倫敦生活以外，我想要在倫敦做台灣做不到的工作，至於感情方面就真的可遇不可求了，不過如果剛好可以交個女友也不錯。」

有了這個方向，我便重新定義自己找工作的目標，符合目標的特別工作也不少，例如當外國小孩的保姆順便教中文、米其林星等的餐廳當服務員、在倫敦市集擺攤、騎單車當快遞等等。某一天的早上，我從電台聽到兩個主持人在討論「本質／必需主義」（essentialism），不像極簡主義（minimalism）主張刪減多餘，本質主義反而探討的是什麼是生活必須、不可或缺的。我想了想，自己手中聽著電台的iPhone、用電腦寫文章的MacBook Pro、拍下生活的相機，正是我在倫敦生活中不可或缺的。我將這樣的篩選條件放入自己腦中的「搜尋引擎」，找到了一項符合的搜尋結果，那就是「蘋果電腦直營店的諮詢／維修／教育人員」。

1.沿著泰晤士河散步，可以激發靈感
2.隨處可見的藝術空間也是刺激思考的好地方

出發，我也想當蘋果人

蘋果面試第一關：線上應徵與團體面試

在一個小時的團體面試裡，你有二十四位潛在的競爭者，這也代表每個應徵者只有平均九十秒的時間在面試官面前表現自己，最少最少，也要讓他們對你「有點印象」……

當時是二〇一六年二月中旬，台灣還沒有蘋果電腦直營店，只有蘋果官方授權的經銷商，如Studio A、德誼、iStore……等等。蘋果商品的維修除了拿去非官方的手機店維修之外，只能送至國外維修，耗時好幾週的時間。蘋果官方的教育與學習課程因為沒有直營店，當然也沒有官方的授課人員在台灣宣傳蘋果產品的使用方法與技巧。

大膽投遞履歷，迎接蘋果面試

蘋果直營店的技術服務部門成為我應徵工作的下一個目標，除了在台灣還沒有相同的工作內容外，如果能夠在蘋果電腦這間全球名列前茅的公司內工作跟學習，是一個非常好的體驗。況且台灣是以科技業知名的國家，在蘋果電腦的工作經歷也算是跟科技業沾上一點邊。

蘋果電腦的應徵必須透過官方網站頁面填寫表格，可選擇要投遞總公司職位或是零售業職位。點選零售業後，便有三大主要部門可以應徵：販售部門、技術服務部門與後台倉儲部門。不想要再繼續「賣東西」的我選擇了技術服務部門，將表填妥之後，我發現頁面顯示最後職缺更新時間是「今天」，顯然還在徵人，就立刻按下送出了。（後來發現零售職缺每天都會更新一次顯示當天，卻不見得真的有缺人）

不到一個星期，我就幸運收到面試邀約的E-mail。依循過往的面試經驗，我觀察了一下蘋果直營店內店員們的穿著，大家都穿著海軍藍的素色T恤、胸口印著白色蘋果LOGO的員工制服，但制服底下的員工卻各有不同穿衣風格。有的員工穿著運動鞋、有的穿著皮鞋，有的滿身刺青、耳環是誇張的黑色吊飾、有的卻乾乾淨淨、頭髮整齊。

為了準備面試考題，我前往參加蘋果的教學活動

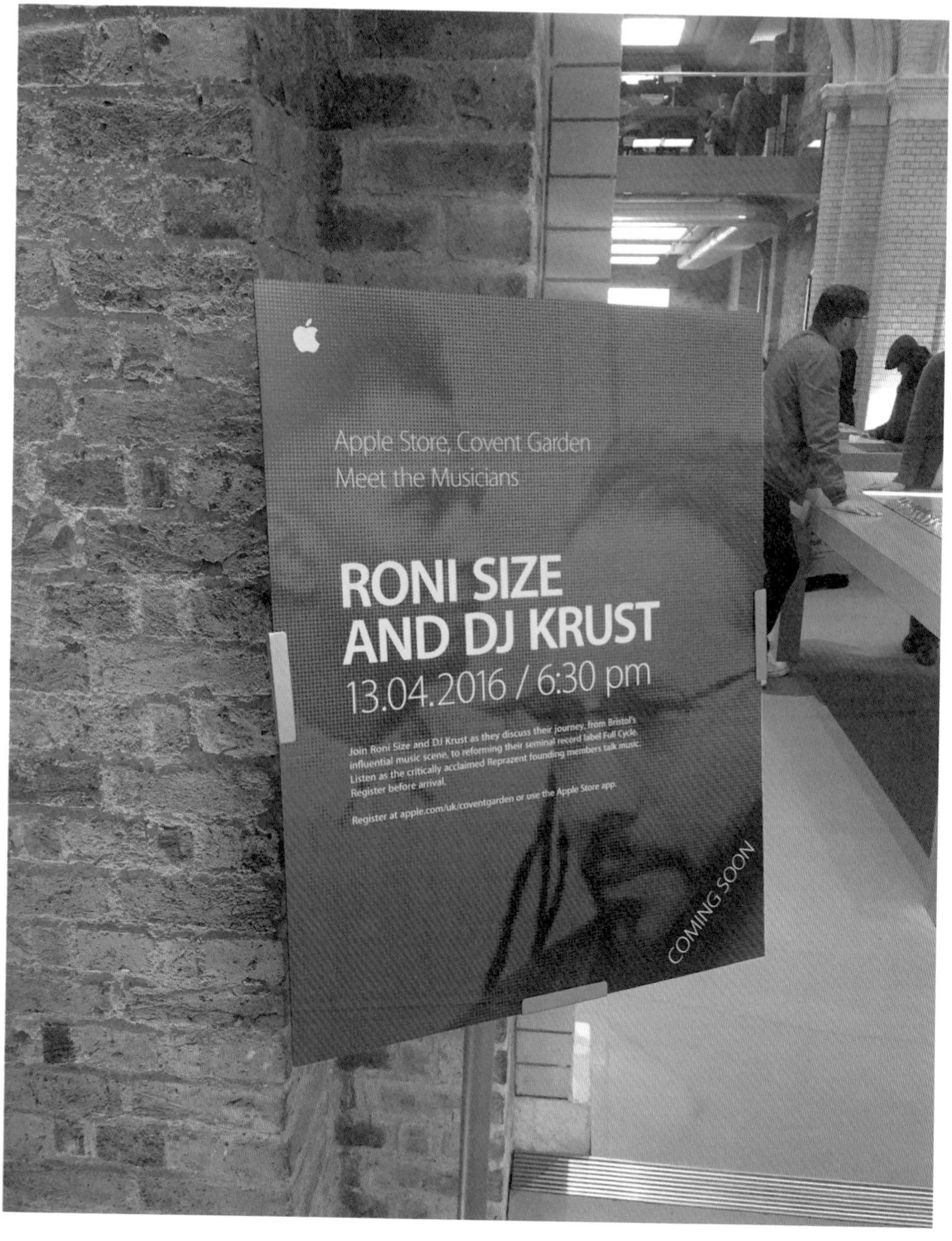

二十五人團體中，把握九十秒彰顯個人特色

我選擇了一件寶藍色的Polo衫前往面試，不會太嚴肅，也不會顯得太隨便。面試的會場是在一個商用辦公出租空間的會議室，我向櫃檯報到並領取名牌後，前往其中一間會議室。會議室內大約有二十五位應徵者，座椅排成一個圓形，空出中間一個舞台的感覺。在場有四位面試官，各是直營店內不同部門的員工。仔細聽牆壁另一端傳來的聲音可以知道，左右隔壁兩間的會議室空間也在進行團體面試。

耗時一小時的團體面試，關卡不多也不難，除了在大家面前自我介紹以外，自己喜歡公司什麼產品，分組討論解決問題……等等，都是團體遊戲中常會遇到的橋段。雖然這只是第一關面試，但我個人認為，在所有的面試階段裡，其實這一關才是最難的。因為在一個小時的團體面試裡，你有二十四位潛在的競爭者，這也代表每個應徵者只有平均九十秒的時間在面試官面前表現自己，最少最少，也要讓他們對你「有點印象」。所以如何利用這黃金的九十秒，變成此場面試成敗的關鍵，太積極表現可能會被貼上「自我」的標籤，但不表現又會變「神隱少女」。

在這場二十五人的團體面試中，我做了一件蠻有趣但有點多餘的事，那就是我每次發言的第一句話，就先說：「大家好，我叫湯瑪士。」一開始自我介紹講這句話很正常，但後面團體討論發表會的時候，當你再次提醒自己的名字，它的用意很明顯。在場聽到我多花兩秒鐘講這句話的人，莞爾一笑的表情我都有看到，但也代表這個技倆確實有命中紅心，反正有禮貌地再次提醒自己的名字也不是什麼壞事。至於這樣的表現是否讓我在這個團體中較令人印象深刻？答案我就不得而知了（搞不好只因我是在場少數的亞洲人，所以本來就比較有印象）。不過我自我感覺良好的認為，它是有效的，因為幾天後，我就收到E-mail通知前往下一關面試了。

答題就像與自己對話，找到自身價值

關於面試，我覺得最重要的依然是那一句：「知己知彼，百戰百勝」，了解自己的長處，再去檢視應徵的工作內容中，自己的長處如何應用在工作職缺中。大部分的人不像電影《神鬼交鋒》裡的李奥納多

（Leonardo）一樣，扮誰像誰，所以與其「演」成面試官喜歡的人選，不如將「個人特色」發揮到淋漓盡致，自己也比較自在。

準備考題的過程，其實也是跟自己重新對話的過程。我問了自己：「工作對我的意義是什麼？」我向自己回答：「我想要為人們的生活帶來價值（Bring value to people's lives）。」這也是為什麼我除了自己紀錄倫敦生活外，也撰寫部落格分享給他人。對有些人來說，工作是為了賺很多錢，那顯然有業績的精品業大概是最好的選擇。

我又問了自己：「蘋果這個品牌對於我具有什麼意義？為什麼喜歡？」我回答：「它是我生活的必需，透過蘋果、透過科技，我便能達到為自己，也為他人帶來價值。」至於蘋果產品的酷跟炫已經是眾所皆知，面試官聽到這個應該也沒有感覺，不講也沒差。

心裡踏實了，才能回答別人

第三題：「什麼原因讓我覺得我適合這樣的工作環境？」這一題並不容易，為了回答這一題，我前往倫敦的蘋果旗艦店參加了好幾個免費課程，假裝是消費者學習使用產品、學習殘障人士使用的功能、參加店內舉辦的名人講座、也參加週末的手機攝影校外教學活動（老師帶著學員在店附近的景點拍照攝影）。實際參與店內所提供的服務後，才能夠根據經驗去述說我的體驗與發現。

最後一題：「在這份工作中，你能否看見自己跟企業一起成長？」當時在台灣還沒有蘋果直營店，如果在倫敦能夠在店內成長茁壯，未來有朝一日台灣要開店時，我就能成為回到家鄉宣傳蘋果服務的元老級人物了。

這些自問自答，不僅用於蘋果電腦，任職於任何公司前，先問問自己這些基本卻核心的問題，不知道怎麼回答就自己去找答案。過了自己這一關，心裡踏實了，才有辦法過別人那一關，這是我多年來對求職面試與職涯發展的心得。

決戰前，也找好備案

蘋果面試第二、三關：人資更在意「你喜歡什麼？」

一個人喜歡或不喜歡你，常常決定在那些最微小的細節中，如「因為他離開前將椅子靠整齊」、「他說喜歡這家店的某個裝潢，跟我想法一樣」……

蘋果的第二關面試在同一個商用會議中心，到場面試時，看到原本二十五人團體面試的房間依舊有不少人往裡面走，顯然那些人是來第一關面試的。第二關面試使用的是霧面玻璃隔成的小會議室，橢圓桌子坐了五個應徵者，一個面試官（後來才知道是人資主管），是一般常見的團體面試模式。比起第一關面試，第二關這種小型團體面試，每位應徵者多了許多時間表現自己。這樣的場合，每個人將近有十分鐘的時間展現自己，至於到底要講些什麼，事前的準備功課就變成關鍵。

❖他們在意的是「人」，而非工作技能

前一篇所提到的自問自答，就是準備面試最好的入門考題，雖然面試的考題百百種，但是面試官想要瞭解的不外乎是幾件事：面試者的個性、面試者是否認同本公司（文化與願景）、面試者能否勝任職務、面試者未來的發展性與規劃。蘋果電腦也不例外，蘋果電腦是非常重視「人」的公司，所以面試的題目並不會出現「請問怎麼修這個？」的技術性問題，面試官反而比較想知道你個人的想法與喜好是否符合工作環境。

因此並沒有所謂的「蘋果電腦面試祕笈」，重點在於你能不能好好的做自己、把最「自己」的一面表現出來，再由面試官斷定你適不適合這份工作。而在面試中表現自己最好的方式，便是用故事性的方式介紹自己的過去、自己如何喜歡上這個品牌、為什麼想為這個品牌工作。事先將這些故事準備好，被問到相關的問題時，自然而然就可以提到自己準備的「漂亮答案」。

第二關面試中，面試官丟出一個共同問題，應徵

準備Paul Smith面試前，我前往店面做面試準備功課

者們一個個輪流發言。例如：「請介紹自己並講出自己最喜歡的蘋果產品」，從回答中，面試官也會隨機從這些答案再丟幾個相關的疑問或瞭解更多細節，就好像研究所時的討論課一樣，學生跟教授發表彼此意見，其他學生在旁一起聽講，沒有面試的嚴肅氣氛。

在聽了其他應試者跟面試官的應對中，就能對這次的面試表現評分，我個人認為自己的總和表現不錯，高於一般水準。面試結束前一個很重要的環節我也沒有忘記，那就是記得要問問題，至於問問題的藝術就很難解釋（都有專門書了），但是發自內心的問題是最基本的，至於根本還沒錄取就問工作福利與折扣的問題，還是免了吧！（我問了面試官他印象最深刻的蘋果服務經驗，一來是可以更清楚工作環境與內容，二來是誰不喜歡有觀眾願意聽自己說故事）

找好備案，不把雞蛋放同一籃子

雖然這次的面試相當順利，但我也絲毫不馬虎。回到家後，我寫了一封簡短的 E-mail 回覆了當初的面試通知，謝謝面試邀約與面試中學到的寶貴經驗。雖然我沒有證據說明這到底對錄取或不錄取有沒有加

1

分作用，但是簡短的感謝本來就是人與人之間的基本禮貌，永遠不嫌多。

幾天後，我收到來自蘋果電腦的通知恭喜我進入第三關，也是最後一關面試，會跟倫敦柯芬園旗艦店的市場領導人（大店長）Mhairi面試（讀音「瑪莉」），面試日期是一個月後。沒錯，在英國要錄取一份正職工作的應徵流程一、兩個月跑不掉。

一個月的時間確實有點緊張難耐，我深怕如果最後一關面試落榜，那就是浪費了整趟時間。所以在等待時，我找了一個備案「Paul Smith的銷售人員」（明明說不想在服飾業還自打嘴巴）。憑著過去服裝銷售經驗，Paul Smith的面試很快、很順利，但所開出的工作地點是客人較少的金絲雀港（Canary Wharf），我就禮貌的拒絕了這份工作，把所有賭注放在蘋果的最後一次面試。

利用薪資網站，了解自己薪資行情

除了再去蘋果直營店當客人體驗店內環境與服務之外，我也將第二關的面試收穫納入準備功課之中。

1.校外教學手機拍照成果
2.校外教學組員合影

最後一關的面試中，薪水常常會是談話中的一個話題，薪水的數字是自己爭取的，即便是同樣的工作內容與工作職稱都會有不同的薪水，所以如果還是像傳統台灣年輕人一樣說「依公司規定」真的非常吃虧。最好的談薪水方式，就跟市場買賣很像，知道自己的行情，也知道這份工作的平均行情，而 Glassdoor 或 Salary.com 這一類的薪資交流網站，就成為一個很好的開價依據。這些網站的運作方式是請使用者分享自己過去的工作職位、公司、薪水，分享完即可觀看其他使用者的分享，薪資資料庫也因此越變越大。

我在領英（Linkedin）搜尋了這位大店長的資料，蘇格蘭人的 Mhairi，在蘋果電腦工作非常久了。正式面試的那一天，是在倫敦柯芬園旗艦店內的會議室面試的，這位大店長看起來是一位和藹可親的媽媽，穿著繽紛花朵的絲質洋裝。手邊沒有帶任何筆記、人事資料的她，完全把每一位應徵者當作一張白紙，沒有任何其他面試官的主觀意見。

為期一個半月面試過程，獲得美好結果

跟第二關面試很像，六位應試者，對上這一位大

店長，在輪流的發言中，一一認識在場的所有人。大店長的其中一個問題在面試中比較少見：「你們平常在工作之外還有做些什麼事情嗎？」，一般台灣企業雇主比較關心員工能不能專心上班，最好是能夠認真一點在公司加班多做一點事，反而不太會關心員工的私下生活。從這個問題可以明白，這位蘋果大店長關心的是「人」，工作之外如何利用時間，在倫敦有「副業」或「接案」的人也滿常見的。我剛好有寫部落格的習慣，所以就把這件事情拿出來講了，關於旅遊與吃好料，大概是任誰都不會覺得無聊的話題，所以我跟她聊起了附近有什麼好吃的地方。

人是主觀的，一個人喜歡或不喜歡你，常常用人類的第六感就可以感覺出來。而決定一個人討不討喜，常常決定在那些最微小的細節中，如「因為他離開前將椅子靠整齊」、「他說喜歡這家店的某個裝潢，跟我想法一樣」、「因為他不像其他人一樣稱讚我長得漂亮，而是誇獎我的配件搭配很好」等等。這些並不是用背誦就可以得分的規則，而是坦率、自然的呈現自己的角色風格，並從一次次談話中學習。

二〇一六年五月一日，也是面試後的星期日，正當我在英國酒吧看足球轉播時，我接到蘋果人資部門的小姐來電，她恭喜我錄取了「技術服務專員 Technical Specialist」這個職位，在倫敦柯芬園旗艦店上班，我二話不說答應她的邀請，一個月半的面試過程也總算圓滿落幕。

蘋果攝影校外教學課程，至鄰近街區取景

身份特別的「電腦醫生」

不只維修產品，更維修與顧客的關係

當客人登門尋求協助時，多半情況是他們的產品運作不良、需要維修或是他們對產品不甚滿意。這些人可能會帶著失望、有時甚至是憤怒的情緒來到我們這裡……

倫敦市總共有五家蘋果直營店，其中攝政街（Regent Street）與柯芬園（Covent Garden）兩間直營店皆為旗艦店，我的工作地點正是其中一家——柯芬園旗艦店。座落在倫敦熱鬧的觀光區「柯芬園」，從地鐵站出來步行兩分鐘即可抵達，這家裝潢像是古典圖書館一般的三層樓旗艦店。當初在二〇一〇年開幕時，是全球第三百家蘋果直營店，也是全世界最大的一間蘋果直營店。

巧遇雙店臨時整併，成為意外受益人

到二〇一六年，我加入蘋果電腦剛好是一個很特別的時期。開店十二年，身為全歐洲第一家蘋果直營店的攝政街旗艦店（二〇〇四年開幕），在我員工訓練完畢後，配合蘋果零售店大革新的政策（Retail Evolution），封館進行為期四個月的改裝翻修。

攝政街旗艦店的全體員工在沒有辦法去原店址上班的情況下，被分發到倫敦市其他的直營店支援，而我們原本就有三百名員工的柯芬園旗艦店，也被分配到將近兩百名攝政店員工，頓時變成五百人陣容的巨無霸旗艦店。離攝政街走路十五分鐘距離的柯芬園店，因為少了攝政店的關係，也在一夕間成為觀光客購物的唯一標的，我的蘋果之旅，就是在這每天都人滿為患的特別時刻開始的。

我的工作部門是蘋果直營店裡的天才吧（Genius Bar），簡單說就是「產品診療中心」，任何蘋果產品、iPhone、iPad、筆電有問題時，客人就可以帶著他們心愛的「病人」來天才吧掛號、預約、看診。在這個部門裡，我不用銷售任何產品，而是替來看門診的客人做診斷並解決問題，其中包含維修、更新或是教育客人產品使用不當……等等。我的身份就是所謂的

與我一起參與新訓的同事

「電腦醫生」，而我的工作績效就是顧客給我的回饋。

雖然蘋果直營店的標準作業流程（SOP）都差不多，但是各家店、各個主管還是有不同的做事風格。我們兩家旗艦店的臨時「大合併」，一開始的運作其實不太順暢。例如手機維修填寫單風格不同，維修人員看到維修單時，有時候會看不懂同事寫了什麼或不知道該如何下手。還是菜鳥的我也常會因此被誤認成攝政店的資深員工。

我在這樣的「合併混亂期」成為意外的受益者，不像其他員工需要配合改變舊有習慣，而是從一開始就學習新的工作模式，兩店在整合的過程中一邊磨合，一邊提出改變。這樣的環境下，我不是以「菜鳥」身分在學習，而是跟著全體同仁一起找尋新的工作方式。這樣的整合結果，也為這家「綜合旗艦店」的工作流程帶來進步，參考彼此的優點後，造就了更成功的顧客服務方針。

來店華人不多，近乎百分百英語空間

蘋果電腦這家公司非常講求「用人」的多元化，從有形的膚色、種族與穿衣風格，到無形的興趣、專長與個性……等等，許多的同事除了在直營店裡工作之外，自己也有副業在經營，不管是攝影師、DJ混音師、插畫家都有。雖然會遇到千奇百怪、各式各樣的同事，我們卻有著一樣的共通點，那就是對蘋果這個品牌的熱愛，還有對顧客服務的熱忱。

天才吧部門裡充斥著世界各國的人才，而英文則是我們共同的第二外語，我是唯一的台灣人，也是部門裡兩位華人之一。每天面對來自全世界的顧客、觀光客，遇到有語言不通的地方，總能找到擅長義大利文、西班牙文、法文的同事幫忙溝通，我也自然是同事請求中文協助的對象，然而實際上，來到我們部門看診的華人客人並不多，或許是不熟悉這項服務，也可能是華人觀光客大多只是來倫敦購買商品，所以我每天百分之九十八的上班時間都在講英文，下班回家則跟室友講中文，對我而言是一個完美的平衡。

員工與主管互信，客人不一定最大

雖說我的工作項目是維修診斷科技產品，但是實際的工作核心其實是「維修」我們跟顧客的關係，因為當客人登門尋求協助時，多半情況是他們的產品運作不良、需要維修或是他們對產品不甚滿意。也遇過照片遺失需要協助救回的客人，這些人可能會帶著失望、有時甚至是憤怒的情緒來到我們的天才吧。身為服務人員的我們，除了運用專業知識解決產品的

1.攝政街店改裝後，添加了不少綠意
2.早上七點就要來開店

「事」，也要成為一個心理醫師、酒吧調酒師安撫帶有情緒的「人」，經常在對話的過程中，許多客人也不知不覺把自己的人生故事拿出來分享了。

公司賦予我們很大的職權去解決客人的問題，而我們的目標就是盡一切努力去幫助客人，當他們的要求超出我們的能力範圍，或者講出經典的台詞：「叫你們主管出來！」時，主管們也會信任底下員工所做出的專業判斷，力挺員工，跟員工討論解決方案，並取得共識。這是在許多服務業少見的情形，在「客人永遠最大」的奧客時代裡，員工被客人罵完，主管立刻出面鞠躬哈腰，當著客人的面打臉員工的情況，在蘋果永遠不會看見。這樣的員工、主管互信關係，工作團隊變得更團結緊密。

一趟完整的天才吧服務流程，從客人預約、看診、維修、取件，只有在每一道程序都不出狀況的情況下，客人最終才會給我們良好的評價。這絕對不是一位員工就可以完成的過程，所以同事間的彼此信任與同理心也變得更重要，更讓我不管在哪一個工作台都想把事做好，讓下一位接手的員工也能順利交接。

在蘋果工作的日子

人與人之間，無法描述的奇妙情誼

同事們最常聊到的話題就是「你花多久面試進蘋果？」，有人說三個月，有人說六個月……這才驚覺，原來我只利用兩個月就通關三個關卡，成功面試錄取，是多麼幸運的事……

我們上班是使用打卡機制，遲到一分鐘就算遲到。偏偏倫敦的大眾運輸工具向來不可靠，有時候地鐵坐到一半，會各式各樣的原因而延誤，甚至有可能因為前方軌道出狀況，列車直接停在地鐵站月台五到十分鐘，此時地鐵人員也會廣播，建議趕時間的人另找其他交通方式。

受電台啟發，從此再也不遲到

剛開始上班的第一個月，我因為地鐵的緣故遲到兩次，主管也特別叮嚀三個月內遲到三次的話，就會被人資部門留校查看，請我注意。都還沒通過試用期的我，竟在第一個月就被地鐵搞得團團轉，真是讓我翻白眼翻到後腦勺。不過我也學會英國人「Keep Calm and Carry On」的個性，摸摸鼻子自己想其他的辦法了。

從此之後，我每天都提早三十分鐘出門，地鐵一切順利的話，就順路走到公司附近號稱「全倫敦最好喝咖啡」的 Monmouth Coffee 喝一杯咖啡，再走去上班。要是真的地鐵出狀況，大不了就不喝咖啡。某一天上班的路上，我在廣播裡聽到「F.I.L.O」這個概念，從那一天後，我在蘋果一年又三個月的日子裡就再也沒有遲到過了。

F.I.L.O，First In Last Out，第一個出現練球，最後一個關燈離開，從板凳上的小人物變球場上的大明星，所有偉大的球員都是秉持著這個做事態度。凡舉美國職籃的柯比布萊恩（Kobe Bryant）史蒂芬柯瑞（Stephen Curry）……等皆是如此。F.I.L.O 不只是一天的態度與作為，而是每一天。練習是日積月累的，直到你有機會出頭的一天，能夠每天秉持一樣的精神不放棄不氣餒，才是這個態度的核心價值。

上班都會經過彩色小巷 Neal's Yard

首日便得到客人稱讚，體會到助人之樂

歐洲人很不喜歡加班，尤其是零售業，打卡前一分鐘就已經背好包包準備離開了。我當然也想早早回家吃飯，但沒想到正式上班的第一天，我就自發性的加班了三十分鐘。最後的客人是一位德國企業家，客戶名單跟行程表很嚇人，但是行動裝置同步更新聯絡人與日曆的功能出了問題，診斷、討論了好久才找出解決方法與後續步驟，過程中我完全開啟我的「德國人模式」（細膩、不能模稜兩可）花了一小時跟他討論與解釋後，客人最後跟我說：「欸，你很厲害耶，解釋得很有條理還有後續步驟。上次來遇到的那幾個店員，都隨便診斷一下，結果回家後問題又出現了。」

我就跟他說：「不瞞您說，今天是我正式第一天上班，哈，能聽到這樣的稱讚，真是信心爆表啊！」當然我沒有真的說「爆表」這兩個字。但這件事讓我帶著微笑回家，我也更確定，這是我想做的工作。

一次面試之緣，店長竟然記得我

入職幾個月後，總公司公佈說台灣即將成立直營店了，我看到這項訊息當下不敢相信自己的眼睛，我面試時說的話，竟然成真了！後來剛從台灣放完年假回倫敦的我，拎著兩盒佳德鳳梨酥請部門同事吃、順便宣傳台灣美食。

午休時，我拿著一顆鳳梨酥想當點心，沒想到在辦公室巧遇當時面試我的店老大Mhairi，上次遇到她已經是面試時了，本以為她已不記得我，畢竟她常常不在店裡、員工又這麼多，沒想到她很快喊出我的名字，讓我受寵若驚。順便把手中的鳳梨酥送給她。

她跟我說，當時總公司發布消息說台灣要開蘋果直營店時，她當下立刻想到我，因為我在面試時有跟她說，希望有朝一日可以去台灣開店。我很客氣地回她：「哎呀，別擔心啦，我會待在妳這裡（柯芬園）直到不能再待為止。」她也很窩心的回說：「不用擔心呀，你就在這待到你想回台灣的時候，跟我說一下就好，我會祝福你的。」雖然看似微不足道，但人跟人之間的情誼，不就是這樣嗎？

得到伯樂賞識，盼自己有天也能成貴人

蘋果的工作是快樂的，每天把所有預約掛號看診的客人看完後，時間一到即可打卡下班，沒有任何回家作業，隔天上班也是全新的一天。而快樂工作的背後，好同事重要，好主管更重要。因為每天會遇到什麼客人什麼難題我不並曉得，但我知道遇到任何困難，主管絕對會挺我們到底，讓我們放心的去做自己份內的工作。我仔細回頭一看，才發現原來自己一路走來，也是得到許多人的協助才走到今天這裡。

一開始跟同事們聊天，最常聊到的話題就是：「你花多久面試進蘋果？」有人說三個月，有人說六個月。有的通過四關面試，有的通過五關。這才驚覺，原來我只利用兩個月就通關三個關卡，成功面試錄取，是多麼幸運的事。也是後來才想起來：「對吼，面試我的這些考官，剛好都是公司中的大頭。」有市場領導人也有倫敦柯芬園開店元老的人資主管，這些人都是我的伯樂，他們在人海中發現我的特點，知道我適合這樣的工作內容、環境，並選擇了我。而之後在三百人的大店面裡，不只記得我的名字，還持續指引我未來的發展方向。

這些貴人，不是貴在他們擁有多強大的背景或資源，而是貴在他們願意花多少時間幫助我發揮自身潛能。其實不是只有現在，一路走來偶遇的、正面交鋒

的，好多人都曾替我指點方向，讓我更清楚自己未來要走的路，希望有一天，換我變成人家的貴人。

1.工作中，為客人解答疑惑
2.Monmouth Coffee，號稱「全倫敦最好喝的咖啡」。

人

CHAPTER 3

記憶裡最美的風景

倫敦的人流來來去去，每天工作都要見到成千上萬個新面孔，我學會很快的分辨這些不熟悉的人裡，誰跟我的個性與想法最合拍，誰可能只是泛泛之交。這些新朋友們大多數人都很好，也都是善良的，不過物以類聚，人以群分，終究都會分類的。

學生時期的好友們

足球、美食、旅行，串起最美好的歡笑聲

為了好好漫遊倫敦，我利用自己身為學生的彈性作息時間，避開人潮與繁忙的周末，漫步在倫敦的街道巷弄……

就學時期住在學校，我的生活相對單純，五分鐘就能從宿舍走到教室上課，也不需另外擔心交通時間。雖然如此，我仍然每週固定將倫敦地鐵卡儲值七日無限次通行的週票，因為我只要一抓到空閒時間，就會跳上車去倫敦市區散步。

學生證威力強大，走到哪優惠到哪

英國對學生相當友善，地鐵票可以上網申請有折扣的學生票地鐵卡，一週換算下來，不管是坐地鐵或是公車，每天只要出門一次就划算。連坐火車也能申請青年折扣卡（Young Person Rail Card），坐車時出示此卡即可享折扣。除了大多數英國博物館本身就已經免費以外，少部分需付費的展覽也都有學生價。健身房使用學生證辦會員的話，常常也是六折的優惠，甚至去連鎖品牌服飾店出示學生證都還能另外打折，英國學生證真的是萬能的折扣卡。

為了好好漫遊倫敦，我利用自己身為學生的彈性作息時間，避開人潮與繁忙的周末，漫步在倫敦的街道巷弄。由於要找到像我這樣對倫敦市有無限憧憬又同時想探索的人實在不多，時間也不易配合，所以我多半都是自己一個人出門。也無所謂，可以按照自己的腳程與步調，選擇自己要去的地方，享受著屬於自己的倫敦時光，也未嘗不是壞事。

在異鄉的家鄉人，靠吃來增進情誼

學生生活中，我最要好的朋友有三群人，分別是開學前，透過大學同學Howard而認識的帕美拉一行人、研究所的台灣同學、還有因國慶日認識Jolin與Fu Chia的「UCL團」。在國慶日認識Jolin與Fu Chia後，我在Jolin的KTV生日慶祝派對裡，認識

一群朋友一起前去參加倫敦螢光夜跑

了當天在場一起唱歌的人，這些人都是她們倆身邊的台灣同學跟朋友們，雖然並不是所有人都就讀倫敦大學學院（UCL），不過我還是將他們稱做「UCL團」。

既然都是台灣人，來到異地怎能不像台灣人一樣，用吃遍異國美食增進彼此友誼呢！（笑）受到當初倫敦民宿老闆娘Meara與倫敦新朋友帕美拉的啟發，我花了不少時間四處品嘗倫敦的美味，尤其多數倫敦西餐廳都有所謂的「午間套餐組合」，一套前菜、主餐、甜點的組合，通常都比晚餐菜單便宜許多。如果是米其林餐廳等級的名店，享用「午間套餐組合」不用事先訂位、可以巧妙避開人潮與昂貴帳單，也算是一舉兩得。而由於我喜愛倫敦，因此當多數台灣同學趁著留學機會到處去歐洲旅行時，我反而留在倫敦招待到來的台灣朋友們，當起了倫敦地陪。

班上跟我較熟的外國同學，原本就有在倫敦生活圈的親朋好友，放學後大家大多原地解散，離開校園去做自己的事。而還留在學校的我，自然而言就會去找那些原本就住在學校附近的同學們，

因為熱愛足球，而認識了足球同好Caspar跟Ling，自從跟這兩位同班同學熟識後，後續的故事成

THE NATIONAL GALLERY
WELCOME

参加倫敦國際枕頭大戰
THE NATIONAL

了我倫敦學生生活的另一個亮點。

以足球會友，漸成「倫敦三兄弟」

Caspar 嘴上留著小鬍子，總是戴著帽子，無論是毛帽、漁夫帽、鴨舌帽……各種帽子都戴，看起來像個大叔，講話卻很像綜藝節目主持人。Ling 則是個頭大大、頭髮捲捲、總是笑容滿面的老實人。我們除了會一起去英國酒吧看足球，也會去 Ling 家玩足球電玩。雖然他們支持的倫敦球隊兵工廠（Arsenal）跟我支持的倫敦球隊切爾西（Chelsea）彼此是勁敵，但我們都還是一同去學校附近的英式啤酒吧跟著英國人舉杯狂歡，對著小小的電視螢幕上如螞蟻般大小的球員們叫囂。

我們三個除了墮落的玩電玩之外，也是一起運動的好朋友。我們常常會在天氣好的時候捨棄學校健身房，沿著學校旁的運河慢跑三公里到一家河岸邊的早餐名店 Towpath 吃早餐，吃完早餐再慢慢散步回學校。我的學生生活大多時間都有他們兩個的陪伴，不管是倫敦國際枕頭大戰、倫敦螢光夜跑、二〇一四年世足賽轉播，或是出遊去英國西邊的卡地夫

1.Rachel家看出去的風景
2.與Caspar、Ling經常一起去的運河邊早餐「Towpath」
3.跟Caspar還有Ling常去的戶外泳池游泳

2

3

（Cardiff）、東南邊擁有白堊岩斷崖的七姐妹國家公園（Seven Sisters）、克羅埃西亞（Croatia）等等，我們成了常常混在一起的倫敦三兄弟。

認識Rachel，學會「將心比心」

透過Caspar跟Ling，我認識了常常跟他們玩在一起的台灣同學們。一群人的友誼，總是透過某些共同經歷的關鍵事件變得更緊密。而讓我們這群研究所同學變得更緊密的，我想應該就是期末考後一起去了西班牙巴薩隆納的那趟旅行吧！我們在巴薩隆納去了很多景點，也錯過很多景點，一起坐錯纜車，也一起趕上飛機。不得不說，旅遊真的是摸透一個人個性的不二法門。一趟旅行到底是地點比較重要還是人比較重要？我覺得是彼此相輔相成的。

在學校報告與論文寫作的期間，因為Caspar跟Ling常常去其中一位台灣同學Rachel的租屋處附設的自修室寫作，我也因此見識到倫敦大樓式管理的學生宿舍可以有多高檔，從自修室的窗外即可看到倫敦金融區高樓林立的美景，這大概是文章寫累了最好的放鬆吧。

Rachel是我們這群台灣同學們裡的大家長，照顧到群裡的每一個人，當生活遇到困難的時候，大家總是找她聊心事。我雖然沒有什麼生活困難需要向Rachel傾訴，但她話中的智慧總是讓我對她刮目相看，也讓我默默地想要成為這樣一個，會讓人想把心裡話說出來、給人信心、侃侃而談的人。憑著這樣的念頭，我開始觀察人與人之間的交流，一直到後來在英國工作時，我真的做到了，而其中訣竅其實就是將心比心、設身處地的替人著想。

可愛的店花同事Lili

相處輕鬆又自在的美麗女孩

1

從此之後，我上班時都會特別看班表，確認今天Lili有沒有上班，她在的話，我就會跟同事換服務範圍，到一樓男裝區跟屬於女裝部的Lili聊天……

擔任AllSaints店員的日子每天大同小異，把衣服折整齊、看今天來了什麼新商品、開門讓來自世界各地的客人蜂擁而入、跟客人寒暄聊天問他們是哪裡人、介紹我們家經典服飾、把客人不要的衣服掛回架上、偶爾不忙時跟同事們打鬧或跟著店內的歌曲跳舞，大概就是這幾個循環在進行，不過日子是開心而平凡的。

不貪心的女孩，堅持平分獎金

某一次我在一樓門口男裝區服務的時候，遇到幾位來自台灣的女生來挑衣服，她們已經事先想好自己要買哪些品項，所以指著手機螢幕中已經看好的女裝款式想請我幫她們拿。由於對女裝陳列不熟悉，我就找了在一旁的匈牙利女同事Lili幫忙，買著買著，這

1.參加同事Lili的喬遷派對
2.曾讓Lili感興趣的油封鴨麵包

2

些台灣女生總共花了一千英鎊以上，達到銷售員獲得獎金的資格。結帳完成後，我就跟Lili說五十英鎊的獎金就給她吧！畢竟女裝是她的範疇，我只是把客人給她而已。她卻堅持不拿全部，要五五平分這五十英鎊，既然她堅持，那我就收下了，也因為這次的互動而注意到Lili這一號人物。

二十歲的Lili是每週工作十六小時的工讀生，是跟我同期到職的聖誕檔期員工之一。她當時就讀西敏寺大學服裝行銷大學部，利用課餘在AllSaints上班。雖然是匈牙利人，但長時間在英國唸書使得她的英文腔調偏英式，歐洲口音也不重。雖然身高不高，不過棕色的長髮，搭配著標準歐洲人的白膚以及鵝卵瓜子臉，算是個年輕貌美的女孩。後來跟男裝區的同事們聊天後才知道，原來很多男同事暗地裡都很喜歡她，甚至私下約她出去，只是都被拒絕。我回想了一下，難怪全店會議後，大夥兒去拉丁風格夜店狂歡，當Lili說要先離開時，幾個男生也同時說想離開了（笑）。

自然不造作的女孩，餅乾紙也可以當便條

Lili是個討人喜歡的可愛女孩，我的確也滿喜歡她的，但我當初算一算我們年紀相差六歲之多，言談中感覺得出彼此價值觀的落差，雖有年齡的差距，但卻絲毫不影響我們的友情。某個星期六我上晚班，下午才到店裡，手裡提著家裡附近週六市集特有的油封鴨麵包來店裡微波當晚餐。Lili看到之後也嚷嚷著想嘗幾口，我給她吃了之後，她非常喜歡，就請我下次也買一份給她，她再給我錢。

後來一起上班的某個週六，我連同油封鴨、西班牙海鮮燉飯跟炸魚薯條一次都買齊，另外附上紙條寫

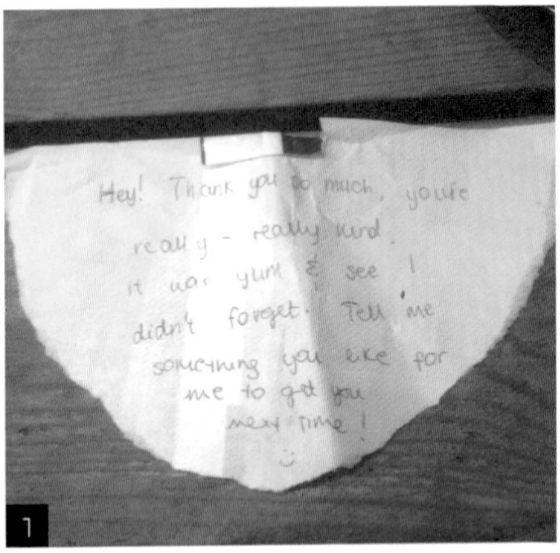

1.我與Lili的紙條往來
2.我寫給Lili的菜單紙條

下菜名，讓她挑選要吃什麼，剩下的則是我的午餐。她吃完後，撕下餅乾的包裝紙，隨手寫了張紙條，除了道謝之外，也問我喜歡吃什麼，下次換她買。讀著這張紙，我心頭暖暖的，也為這張紙的隨興感而莞爾一笑。

從此之後，我上班時都會特別看班表，確認今天Lili有沒有上班，她有上班的話，我就會跟同事換服務範圍，到一樓男裝區跟屬於女裝部的Lili聊天，同事們也很樂意跟我換，因為一樓是旗艦店的門面，所以主管們會監督得比較嚴格，他們寧願待在樓上享受輕鬆的氛圍。

跟Lili深入聊天後，才得知一年前Lili在匈牙利的前男友跟她分手後，她都沒有過得很好，心也一直被這件事卡著，雖然不乏追求者，但都沒有新的交往對象。聽著她這樣說，我心裡的第一念頭就是：「天啊，我被當成講心事的好姐妹了嗎？竟然開始在聊前男友的話題了。」深聊之後，才發現她只是把我當哥哥，而我們只是都曾在感情中受到挫折的知己。不過話說回來，如果要跟對方表明自己性向最好的方法，大概就是談論自己的感情了吧！畢竟在精品服飾圈的男同志不少，稍微會打扮的直男們有時候也會被誤會性向。

受邀參加派對，體驗歐洲大學生的鬧騰

十二月初，Lili 跟她班上的姐妹們搬了新家，在西倫敦 Queens Park 地鐵站附近擁有三層樓的英國矮房居住，國外年輕人最愛的家庭派對這時當然少不了。喬遷之喜的「House Warming Party」，除了身邊的好友，Lili 只邀了三個 AllSaints 同事一起來慶祝，一位法國同事跟英國同事，再來就是我。

歐洲年輕人聚會，通常在派對晚上十點才正式開始，一路玩到半夜三四點。基於禮貌，我帶著一瓶十英鎊左右的氣泡酒當伴手禮，進門之後才想起：「對吼，他們還是正值大學的年輕人。」桌上擺滿的是一罐罐啤酒與飲料，我的氣泡酒在桌上略顯突兀。出席派對的來賓都是主人的朋友們，甚至也有朋友的朋友，總共將近三十個人左右的派對場合，我則是所有人裡面唯一的亞洲人。

雖然空間不大，但大家就窩在一樓的廚房與客廳喝酒聊天，因為二樓跟三樓是室友們的房間，來賓止步。但就跟外國電影常常演的一模一樣，幾杯黃湯下肚、酒酣耳熟後，喝醉的人哪管你那麼多，很快的樓上空間也被賓客們攻佔了。這時候才剛成為新室友們的一位女生，看著自己的房間被陌生人佔據，當然就不高興起來了，現場搞得沸沸揚揚，伴隨著夜店音樂的「動次動次」聲，鄰居們紛紛來按門鈴，控告這擾人睡眠的噪音。

早就看不下去的 Lili，就邀我們到她的閣樓小房間聊天，遠離一切的喧囂。至於後來的故事，喝了不少酒的我記不得太多了，只記得我幫好多不認識的人拍照，也跟好多不認識的人自拍，最後有印象的畫面，已經是我坐在二十四小時不打烊的倫敦夜間巴士上聽著音樂回家的景象了。

聖誕節時，提前離職返回匈牙利跟家人過節的 Lili 還寄了一張聖誕卡片給我，上面印有穿著潮流的聖誕老人騎著單車的圖樣，Lili 說這張聖誕卡實在是太適合我了。我收下這張過去學生時期才會收到的聖誕賀卡，也不曉得彼此是否還會相遇的情況下，祝福 Lili 有個美好的聖誕假期。

最好的朋友帕美拉

沒有她，我不會再回倫敦

帕美拉用她的倫敦經驗，帶領我創造我的倫敦生活，我確實因此少走了不少彎路。也同時期許自己，能將我的倫敦經驗傳承下去幫助更多人……

曾在前面文章中提到的帕美拉，是我最初抵達英國時，因大學同學Howard介紹而認識的台灣人。帕美拉是早我一年在倫敦居住的前輩，她在居住倫敦時創了一個Facebook粉絲團「脫線小姐帕美拉」，專門介紹倫敦好吃、好玩的地方。我也有緣的在抵達倫敦不久就跟著她與其他朋友們一同前往英國最西南角的海邊小鎮「康瓦爾（Cornwall）」，同行的幾位朋友成為我在倫敦初期的夥伴。

彷彿小隊長，積極帶眾人參加活動

帕美拉小我兩歲，同樣是牡羊座的我們個性很像、彼此非常聊得來。歐美作風的她非常外向，喜歡曬太陽，也喜歡往外跑。總是能找到有趣的倫敦活動，並像個小隊長似的拉著大夥兒一同參與。我們曾參加划船泛舟活動，兩人一組沿著倫敦泰晤士河坐在泛舟裡划槳，一路划到大笨鐘再折返。水勢湍急的泰晤士河，讓我們各個手臂酸痛，回家後哀聲連連。也曾一同參加五公里路跑障礙賽，在倫敦秋冬氣溫只有十度的戶外活動區，又是爬牆又是匍匐前進的一路穿越障礙，還冷死人的跳進水坑裡，再爬起來完成五公里慢跑。

除了戶外活動，各大節日的室內慶祝也不少，雙十國慶日煮火鍋，還不忘與國旗自拍；萬聖節一起買又大又圓的南瓜，刻下南瓜皮與果肉做南瓜燈；農曆過年一起包手工水餃，還在超市買刮刮樂試手氣。又或是一大清早去「東倫敦傳統海鮮魚市場（Billingsgate Fish Market）」買龍蝦跟鮭魚回家下廚，把倫敦知名餐廳「Burger & Lobster」的龍蝦製作方式依樣畫葫蘆、仿的唯妙唯肖。只要有我們這群人在的地方，歡笑永遠不間斷。

雙十國慶日當天，我們大家一起秀出國旗自拍

可惜的是，在倫敦這個繁忙的大城市，朋友總是來來去去，畢業、工作、遊學、旅遊，時時刻刻都有朋友離開。而返鄉旺季九月時，大量畢業的台灣遊子返鄉回台，我的朋友們也不例外，留在倫敦的人屈指可數。在小隊員們一一離開倫敦的情況下，小隊長帕美拉依然堅守崗位留下來了。

朋友來來去去，唯她陪我繼續享受倫敦

帕美拉是少數畢業後仍留在英國繼續工作的朋友，我很慶幸在畢業後至少還有她能一起作伴，不然我恐怕就要面對百分之百英文生活了吧。當時我在 AllSaints 旗艦店上班，她則是應徵上 Burberry，在東倫敦零售店擔任季節檔期員工。都屬於排班制的我們常常交換彼此的班表，看哪一天有共同休假，可以約出來吃吃喝喝，也漸漸成了無話不說的好朋友。帕美拉用她的倫敦經驗，帶領我創造我的倫敦生活，我確實因此少走了不少彎路。也同時期許自己，能將我的倫敦經驗傳承下去幫助更多人。

平時愛吃美食的帕美拉，喜歡推薦自己品嘗過的倫敦美味。跟隨她的美食之旅的腳步，也幫助了我

日後在籌劃部落格時，有各式各樣的倫敦美食可以分享。最令人印象深刻的是，我們一起去位於海德公園旁的五星級飯店「The Dorchester Hotel」品嘗季節限定的「愛麗絲夢遊仙境主題英式下午茶」，除了糕點的外觀主題都是愛麗絲夢遊仙境之外，享用過程中也有來自英國芭蕾舞學院的表演者，演出愛麗絲的話劇。除了品嚐美食之外，我們也一起去看了倫敦當時火紅的的音樂劇《貓》，由知名歌唱團體「小野貓合唱團」的女主唱妮可舒辛格（Nicole Scherzinger）擔綱主演。

一句慫恿，成為我再回倫敦的契機

二〇一四年十二月某個平凡的日子，帕美拉告訴我她申請了台灣青年英國打工度假的抽籤。問我何不也試試看，反正不用交報名費，如果真的抽中不想去也可以棄權，就當作是不抽白不抽，給自己一個選擇權或備案。的確，很喜歡倫敦生活的我，雖然長遠計畫是回到台灣工作，但是如果在倫敦有更多的工作經驗，未嘗不是增加自己適應力與跨文化經驗的好方法。上網將申請表格填妥送出後，我毫無得失心的等

1

2

1.2.當朋友逐一回台，我與帕美拉成為吃喝玩樂的好夥伴
3.參加路跑障礙賽時，我的賽服與號碼牌

待結果出爐。而放榜的那天，帕美拉幸運的抽到了為期兩年的英國打工簽證，我則榜上無名。雖然不太影響原本計畫，但落榜也默默埋下一個，讓我隔半年後又再度投出打工度假申請書的契機。

同樣是學生簽證的我們，都選擇在簽證的最後一天才踏出英國海關，可見我們對倫敦多麼離情依依。我的日期是二〇一五年一月十五日，帕美拉則晚我三天。身為台中人的帕美拉，雖然離我居住的台北有一段距離，但是回台灣後，我們還是頻繁聯絡。我的好朋友們曾經半開玩笑地問我：「你跟帕美拉那麼好，為什麼不去追人家？」我聽了搖搖頭，笑著回：「不是所有美好的異性友誼都需要化成愛情的。」，我相信她的想法也是如此。

後來的我們怎麼了？抽到英國打工簽證的帕美拉因為應徵上夢寐以求的工作——Burberry在台灣的辦公室職位，決定放棄簽證留在台灣打拼。而我落榜後不死心，賭運氣再抽了一次的英國打工度假簽證，意外的在二〇一五年五月二十日收到通知錄取的E-mail。

我期許自己能夠像帕美拉一樣透過英國的工作經驗為未來台灣求職的路程搭起橋樑，我飛往英國，她續留台灣，算是分道揚鑣的兩個人、看似沒有太多交集，卻萬萬沒想到如果將時間快轉兩年後，畫面是我帶著女朋友前往帕美拉結婚婚宴的場景，而婚宴同桌的來賓正是那些倫敦朋友們再度大集合。

難得遇到同鄉人，我總會寒暄一下，其中有兩位女生Angie跟Kimi彼此是國小同學，隨口問了什麼國小，她們說：「古亭國小」。「哇靠，那不就是我的國小嗎？」……

那些短暫相處的室友們

奇妙的緣分，成就奇妙的生活

我在倫敦輾轉換過幾個住處，有時是民宿、有時是借住，而這些短居生活裡，也常讓我收穫不少。

民宿主人Kiki，教會我「細節的重要」

我發現自己經常在民宿住個幾天就默默跟房東混熟了（笑）。我曾經住過五家台灣人在倫敦開的民宿，其中民宿主人Kiki最令人印象深刻。當初找到Kiki的民宿是個偶然，由於我在AllSaints工作時，居住在西倫敦切爾西社區，當時曾經幫朋友找住家附近民宿，因此對Kiki的民宿留下了印象，沒想到二度回到倫敦後，卻是我自己訂房住宿。

Kiki家的訂房滿容易客滿，因為她提供住房的房間只有一間，另一間就是女主人Kiki的主臥室。身為主人的Kiki在英國時尚產業當採購主管，二十多歲來英國唸書後，接著又在倫敦工作約八年的時間。很多

1

1.Kiki家小而美的客房
2.我與Yihan合影
3.Kiki家舒適的客廳

人巴不得唸完書能留在英國工作，但多數人都因申請不到工作簽證而宣告失敗，能夠找到公司願意花錢贊助簽證而留下來工作的台灣人，總是讓我致上萬分的敬意。

住在Kiki家的那幾天，我們很像室友，可以在客廳聊天，也可以安靜自己忙自己的。Kiki傳授給我她在英國時尚產業總公司工作多年的經驗，不只讓我的履歷煥然一新之外，也為我在倫敦找工作的計畫打了一劑強心針。離開民宿的當天，因為Kiki早上就要去上班，我不會再碰到她，她出門前還偷偷塞了一張小卡片進我的門縫，我起床後才發現，真是太貼心了。在相處的過程中，是她教導我「Everything's in the

details」細節成就一切。

借住女性朋友家，意外變成男子宿舍

當時在百年百貨（Selfridges）進行面試時，我認識了中國女孩 Yihan，後來也保持著聯繫，而我第二次抵達倫敦時，先住在 Kiki 開的民宿，之後因為 Yihan 要回家鄉南京度假，我才有機會借住她家兩個禮拜，這間位於南倫敦 Elephant & Castle 地鐵站附近的兩層樓獨棟英國矮房，三房一廳一衛，除了很大的廚房之外，還有後院可以種花與烤肉。

這樣看似愜意的生活環境，租金大概跟我當初在西倫敦切爾西一模一樣，甚至還便宜了一點，主要原因是因為 Elephant & Castle 的治安環境較其他地區複雜，房價租金因此也受影響。不過這間離地鐵站幾站公車距離的房子，座落在寧靜的住宅區巷內，安全上沒有太多疑慮，出了地鐵站跳上公車五分鐘後即可到家。

Yihan 有兩個中國男室友，一個是 Richard、另一個是 Yifan（每次跟朋友說故事都 Yifan、Yihan 傻傻分不清楚）。這兩位室友我都沒見過，是來到這個

1.霧中瘋狂的萬聖節派對
2.Richard（右）和Yifan（中）是我短暫且麻吉的室友

家之後第一次見面的新朋友。Yihan 因為要回南京，所以沒有太多時間介紹彼此，反正她知道我面對陌生人不太害怕，就留給我們自己互相認識了。因為彼此都是男生，實際碰面後隨便聊聊就打成一片了，短短兩個禮拜的時間我們變得相當熟識。

這兩位「短期室友」都是在英國唸完書後，想把簽證的日子待完才返鄉。其中 Yifan 在我心中，根本是倫敦「夜之王子」，他常常晚上在中國城附近有的聚會，其中以唱歌居多。而之所以叫做「夜之王子」，是因為深夜在中國城唱完卡拉OK後，在店門口站著聊天時，沿路經過的很多路人竟然都是他認識的人，會跟他打招呼並哈拉兩句，真是讓我大開眼界。

透過短暫室友，認識了未來長期室友

還記得那天是萬聖節，Yifan 邀請我一起參加他在中國城的變裝唱歌派對，沒有準備服裝的我就跟 Yifan 在家裡胡亂化妝後出發了。抵達現場後，那可以容納三十人的VIP包廂滿滿是人，有化妝的、沒化妝的各個都在包廂裡喝酒玩遊戲，活動途中，好幾個他們的朋友也來串門子。在場百分之九十的人都是來自各個省份的中國人，少部分是台灣人、新加坡人……等等，在這種唱歌場合裡，酒水通常是威士忌配綠茶，玩的遊戲通常是骰盅遊戲，團體喝酒遊戲則較少見，團體喝酒遊戲較常在House Party中看到。

萬聖節唱到半夜時，依稀記得有幾位台灣女生也穿著奇裝異服來到現場，難得遇到同鄉人，我總會寒暄一下，其中有兩位女生Angie跟Kimi彼此是國小同學，隨口問了什麼國小，她們說：「古亭國小」。「哇靠，那不就是我的國小嗎？」我瞬間成了他們的國小學長（笑）。其中兩位台灣女生因為隔天要去旅遊所以先行離開，也因為在倫敦遇到台灣人算是常有的事，不會特別積極交新朋友，所以即便禮貌上加了彼此的Facebook，但實際上會不會聯絡我也不曉得，更別說是以後會變室友（我先破梗了）。萬聖節唱歌派對節結束後的清晨，倫敦起了一場大霧，就如同喝酒的場合一樣，隨著太陽緩緩升起，那些僅是一面之緣的面孔也隨著霧氣煙消雲散。

不過緣份很奇妙，某一天在Burberry上班時，我在櫃台忙進忙出忽然抬起頭看到一個熟悉的面孔。咦？這不就是那天萬聖節遇到的Angie嗎？她看

1

1.大家認真地為萬聖節打扮
2.兩個女孩在倫敦遊戲區內玩起盪鞦韆

到我的時候也瞪大眼。萬聖節時，我只有說自己在Burberry上班，也沒有說是哪一間，沒想到一個禮拜後，竟然會在店裡巧遇，我們交換了彼此的聯絡資訊，也說改天要把Kimi叫來一起開「國小同學會」。沒想到這一次的相遇，竟締結了以後我們成為長期室友的契機，也算是一種特殊緣分。

倫敦小花絮

好友來探班，寒風中的暖回憶

剛進 Burberry 不久後，遇到全公司的 Sample Sale 季節。一般其他精品業的樣品清倉拍賣會是租用一個空的倉庫開放大眾去搶便宜。Burberry 則稍稍不同，僅限開放給公司員工購買，需要憑員工編號登錄系統才可以入內選購，算是員工的一大福利，也不需要擔心好貨被迅速搶空（雖然同事們手腳也很快）。除了幫家人親戚買了一些服飾配件外，我也替自己買了幾件外套，因為樣品多為走秀用的單一尺寸，所以數量非常少，幸運的是我剛好擁有標準身材，所以好幾件都剛好合身，其他同事多半都只能向隅了。

我也替 Kimi 與 Angie 代買了 Sample Sale 的特價圍巾，她們約在我的店裡跟我拿，順便來探我的班。他們來探班的那天我是晚班，已經在店裡吃過午餐的我，看到她們還帶著倫敦鼎鼎大名的 T4 珍珠奶茶與小點心來探班，實在感到窩心。不過店內不准飲食，所以我只好利用短短十五分鐘的午茶休息時間，跑來店門外跟她們會合。因為附近沒有長椅可以坐下來，所以就找了附近大樓公寓樓下的遊樂區坐下來吃點心，倫敦那天刮著陣陣強風，坐在數棟大樓間的我們，更是被風吹得東倒西歪，他們兩個女生也沒因為怪風吹拂而花容失色，反而玩起遊戲區裡的盪鞦韆來了，相較於一般台灣女生剛認識新朋友時總是略顯害羞的個性，她們兩個讓我印象深刻。

在倫敦，我也有家人

來自台灣的熟悉度，最有家鄉味

我們三個隨和的台灣人也很快的就習慣一起窩在客廳邊聊天、邊忙自己手邊的事情，過著像家人一般的生活……

我因為聖誕節的青年旅社派對而逐漸跟Kimi與Angie兩人變得熟悉，偶爾也會去Kimi在東倫敦的租屋處跟大夥兒一起喝酒、聊天、玩遊戲。當時的我因為租屋處有室友的朋友霸佔客廳睡覺，感到非常困擾，與她們分享後Kimi也分享了她那位剛搬來不久的印度室友因為房屋稅的事情，想要同是室友的Kimi與Kimi的妹妹Rita分攤房屋稅費用。偏偏在英國，學生是不需要繳房屋稅的，如果叫她們分攤一個上班族才該繳的房屋稅非常不合理，使得她們姐妹倆很想請這位印度室友另找別的地方住。

聽了Kimi的分享，我靈機一動、腦筋一轉，就半開玩笑的説，何不乾脆我搬去替代印度人的位置好了？也算是兩全其美。説著説著，沒想到這件事就成真了。雖然當初住在Swiss Cottage的小公寓舒適且輕鬆、室友人也很Nice，但是如果能跟朋友成為室友，且如果室友是跟自己的背景文化一樣的人，是不是就能夠少了許多不方便與代溝呢？不試怎麼知道，於是我搬家了。

新室友來自同一家庭，長相個性大不相同

我的新室友除了Kimi之外，另一位是Kimi的妹妹Rita。Kimi擁有英國打工度假簽證，每天走路即可前往當時工作的Westfield Stratford購物中心上班，妹妹Rita則是在我的研究所母校Queen Mary就讀大學部。後來Kimi利用她簽證的其中一年攻讀研究所，選擇的學校也是Queen Mary。所以結論是我的室友們也同時是我母校的校友。（笑）

我的兩個室友姊妹雖然來自同一個家庭，但長相個性卻大不相同。姊姊Kimi留著俐落的短髮，髮尾是剛好碰著臉頰的長度，穿著風格偏日系，常常被誤

我的三朵花家人們，Rita, Kimi, Abby（左起）

1

認為是日本人。妹妹 Rita 則是長髮及腰，擁有東方人的五官，這種長相常常是外國人的菜。姊姊 Kimi 傻大姐的個性、有著與世無爭的慵懶，妹妹 Rita 精明能幹、有著積極的態度，是互補性非常高的姐妹。

家中也有姊姊的我，對於同是父母養大，但兄弟姊妹個性不同的狀況深深有感，而成長過程與遇到的朋友也的確會影響個性的發展。雖然純屬我個人的推測，但室友妹妹 Rita 因為比姊姊早一年先來英國求學，必須獨自料理生活瑣事與學校作業，這樣的環境逼著她的個性變得較獨立自主。而室友姊姊 Kimi 則是台灣學校畢業後，就來到倫敦打工度假，這是她職涯的第一份工作。這樣不同的成長經驗，使得兩人的個性與風格特徵稍有不同，而這可能只是其中一個因素而已，個性本來就是在一生不同的經歷中構築的。

台灣人成為室友，首次找到家的感覺

我並不是特別想針對倫敦的環境多特別而討論成長這件事。但對於我們這些涉世未深的年輕人來說，

決定離開自己的家鄉與成長環境，來到人生地不熟的文化生活，確實是一個蠻大的挑戰與體驗，這些

1.家門口有寬敞的活動區域 2.溫馨的客廳 3.我覺得滿分的生活環境

過程也造就了我們的未來，人生中遇到的不同事情都會影響個性的雕琢，才是我個人認為出國「打工度假」的真諦，目的是在打造一個更好的自己。

不過不管是兄弟或姊妹，都一樣是同個家庭養大的，父母付出愛的教育一點也沒有少。所以對於看事情的價值觀不會相差太多，即使個性不太一樣，但核心觀念一致，生活起居相對就比較緊密，不易撕破臉。

第一次在倫敦跟台灣人成為室友，透過自己的經驗，加上本身的友誼交情，我曉得跟這對台灣姊妹一起生活應該不會有什麼問題，於是決定搬遷也因為同是台灣文化孕育出的孩子們，食物口味、話題、生活習慣也較接近，所以我對新生活的適應較過去與外國人居住時快了許多。我們三個隨和的台灣人也很快的就習慣一起窩在客廳邊聊天、邊忙自己手邊的事情，過著像家人一般的生活。人在異鄉，能讓人感到家的感覺的，果然還是家鄉人。這樣的「家庭生活」持續了一年半，直到我離開倫敦為止。

搬家前，我的倫敦之旅其實只是一場體驗，體驗著各式各樣的生活、交友、工作。但真正的「倫敦生活」，反而是住進東倫敦East Village後才正式開始的。

來倫敦玩的空姐Pamela

精彩倫敦經驗，牽起遠洋情線

每當女友飛來倫敦時，我都安排好自己曾經體驗過的高評價節目表，好確認女友來倫敦的行程處處精彩、沒有地雷……

當初前往倫敦的我，二十五歲且單身。在倫敦居住三年的時間，總覺得會在這浪漫的歐洲都市遇到自己心中理想的另一半。卻沒想到身邊認識的異鄉人，分手的竟比交往新對象的還要多。我心想，電影《偷情》裡，娜塔莉波曼（Natalie Portman）在倫敦街頭與裘德洛（Jude Law）邂逅的故事，果然是電影裡才有的情節。

倫敦留學遊子，女孩比例高

單身的我，其實某方面也得到一種自由。在倫敦台灣年輕人的圈子裡，女生的比例較多，所以我在倫敦認識的台灣人清一色都是女生，極少部分是男生。而單身的好處就是跟異性出去不用擔心被限制，許多在家鄉還有男女朋友的人，不只要向伴侶報備，可能還會不能跟某一位異性走得太近。

因為跟女生們很要好，也懂得她們的「語言」，自然而然就會跟她們聊到感情的話題，我總是扮演男方的角色，解釋為什麼男生要這樣那樣、所以下一步應該怎麼樣，跟女生朋友們講得口沫橫飛。我也因此默默的聽了非常多不同的感情故事，或許是從別人的感情挫折中學了許多事，當自己面對感情的時候，就會變得比較挑剔，常常能很快看出彼此相處可能會有的問題，而選擇急流湧退。

但感情的發生，有時候就如魔術一般，一不小心就牽起一段情誼，緣份就是這樣。

短暫當地陪，陪空姐們遊倫敦

那一天是二〇一六年三月二十二日，我的大學好友Kenny的女朋友Faith是空姐。Faith剛好在那一天上班飛來倫敦停留一天半，想請我訂倫敦知名的景

首次見面，帶空姐們前往倫敦知名的景觀餐廳 Duck & Waffle用餐

觀餐廳 Duck & Waffle，也順便邀我一起聚餐。自己的朋友到訪，我當倫敦地陪是常有的事，不過好友的女友來倫敦玩，要照顧她以及一同前來的同事們倒是頭一遭。

朋友們來倫敦時，我總會選在蘋果電腦旗艦店會面，除了是熱鬧好逛街的市中心外，蘋果店裡的無線網路不怕聯絡不到人。碰面時，Faith 帶著兩個長得很漂亮的同事 Pamela 與 Momo 一起前來，一問之下才知道她們三個是同時期一起受訓的好姐妹，很幸運的一起飛來倫敦上班。

我這次幫他們安排的客製化行程滿簡單，「買英國茶具品牌 Wedgwood 的盤子、聖保羅大教堂、Duck & Waffle 」，除了三個行程都達成了之外，我還帶她們去了我最愛的 Monmouth 咖啡，是趟愉快的一日遊。

我的部落格裡曾寫著：「關於一趟旅程、一次用餐經驗、甚至是一場電影，常常在剛結束後沒什麼特別的感覺，說不上來，是一種開心之餘，又覺得好像還好的感覺。但是，不知不覺過了幾天後回想才覺得……哇，真的滿開心的耶。剎那間發現這段回憶是

1

會默默重複想起的好時光。好的餐廳可以帶給人這種體驗、好的夥伴也可以，又如果餐廳跟人都同時到齊了，那才是真正的『兩種願望一次滿足』吧。這次的出遊，也給了我相同的感受。Sometimes you will never know the true value of a moment until it becomes a memory.（有時候只有當事情瞬間變成回憶時，你才會明白某個瞬間的真實價值）」

一聊成網友，牽起越洋感情線

吃完 Duck & Waffle，我們互相交換了彼此的 Facebook 與 Instagram 後，我就向這幾位美女道晚安，心想這種在倫敦的一面之緣，應該不會再相遇了，而對於遠距離戀情較排斥的我，覺得要去追一個人在台灣的女生也是自找麻煩。記下這次的相遇後，我回到原本的倫敦生活。

相遇後的第四十天，在一個偶然的情況，我看到 Pamela 在 Instagram 上一則對感情看法的貼文，內容跟我的自己的看法不太一樣，便回覆她，告訴她我自己的看法，在她回覆後，我們就開始聊起天來了，這樣一聊，我們成了「網友」，每天傳訊息聊天，一

1.電影《愛在黎明破曉時》的場景
2.擔任三位美女的倫敦地陪，右起 Momo、Pamela、Faith

聊就聊了四個多月。

這樣的遠距離對話，在看不到摸不著的清況下，是最單純、最純粹的心靈交流。雖然只見過一次面，但透過聊不完的話題，我們更瞭解了彼此的想法與價值觀。我也決定在十月的時候訂機票回台灣再見她一面。對於這樣的交往方式，我其實不是第一次見到，因為我的倫敦好友帕美拉當初也是這樣子以「網友身份」跟她現在的老公認識的。

緣份令人意想不到，Pamela 九月份班表出爐時，她發現有一班飛往奧地利維也納的工作，於是我跟她討論著去維也納碰面的機會。因為在這麼臨時的時間內，蘋果電腦工作的班表都已經排好，我又是菜鳥不太可能請假。我只好趕快跑去人資部門詢問調班的機會，人資部門的人告訴我說，「你去問你的主管，說你想要請緊急特休，她如果同意的話，我這邊就讓你請假，你也方便些。」我趕緊跑去問公司主管，沒想到她竟然二話不說點頭就答應了，真是萬分感謝公司的人性化。

二〇一六年九月七號，我搭著倫敦出發的廉價航空飛往維也納，與第二次碰面、第一次約會的

Pamela 見面。愛看電影的我，發現自己竟然就這樣完成了電影《愛在黎明破曉時》男女主角在火車上邂逅，臨時決定在維也納車站下車，在美麗的音樂之都度過一天的夢幻場景。不是倫敦，也不是台灣，維也納成了我們的定情地。看來，電影裡的情節確實有可能在人生裡實現。

幾個月的遠距傳情中，我曾因為打錯 Pamela 中文名字裡的「薏」，被 Pamela 半開玩笑的要求罰寫一百遍。這也讓我靈機一動，決定在她生日時送上既有誠意又有創意的罰寫作業。我從社群軟體得知 Pamela 喜歡拼圖，便決定送上一款一百五十片的倫敦城市拼圖，並在一片片拼圖的背後，寫上「一百個薏」，為了講求誠意，我將拼圖拼滿後，才翻至背面進行罰寫，並加上一句「I miss you」，心想：「這樣應該誠意十足了吧？」沒想到收到禮物的她當下沒有發現，還是我偷偷提醒她才發覺的，我這樣的用心，真的是被偶爾少根筋的女友打敗了。

精心安排每次旅程，給她心中最好的倫敦

在這一年的遠距離戀情中，我很感謝 Pamela 的

1. 倫敦薰衣草森林的美好約會
2. 背後有彩蛋的一百五十片拼圖

2

付出。身為空姐的她，雖然從來都沒有再被公司派到倫敦工作，但她還是用了自己的假期飛來倫敦找我，不只一次，也不只兩次，她的同事都說「愛好偉大」，我則覺得是Pamela偉大才對。算一算，我們在那一年內相見了八次，對於遠距離碰不到面的情侶來說，我們已經算很幸福了。

而我也盡我所能的回覆這樣的愛，在倫敦走跳多年的歷練可沒白費，每當女友飛來倫敦時，我都安排好自己曾經體驗過的高評價節目表，把我心目中最好的倫敦獻給了她。除了聖誕節的滑冰、華麗的英式下午茶、空中花園Sky Garden之外，還有倫敦附近的薰衣草花園、現場表演的爵士酒吧……等等，把我心目中最好的倫敦獻給了她。旅途中的我們都很慢活，睡到自然醒之外，原本的四個行程常常慢慢走、慢慢看之後都會變成只有兩個行程，但我們都無所謂的享受著彼此在一起的時間。

嘻笑歡鬧的倫敦桌遊社

在桌上認識每個新來的朋友

在倫敦來來去去的人中，每天工作都要見到成千上萬個新面孔，我學會很快的分辨這些不熟悉的人裡，誰跟我的個性與想法最合拍，誰可能只是泛泛之交……

在倫敦的那三年，Jerry是一路伴隨著我的倫敦之旅的人。就讀倫敦大學學院（UCL）研究所的Jerry，是當年我在Jolin的KTV生日趴認識的一位男生。剛認識時，對Jerry的印象是身材微胖、渾厚的嗓音、唱歌很好聽，還會當主音的合聲伴唱，非常厲害。我們大家都稱Jerry「倫敦里長伯」，因為他讀完研究所後，繼續攻讀博士班，在倫敦待了好多年，加上本身愛交朋友的個性，許多在倫敦唸書的台灣人都聽過這號人物。常常在倫敦的新朋友Facebook交友邀請中，看到Jerry的名字在共同朋友欄裡浮現。

新的倫敦生活，在團體與團體之間

二〇一五年我再次回到倫敦開始打工度假之旅時，大部分的朋友們都已經回去家鄉了。當初國慶日認識的UCL團隊僅剩讀博士班的Jerry與抽到打工度假的Chloe，我們便成了一個小團體。我後來又認識了新室友姊妹與Angie，與她們成了一個小團體。還有原本就認識的中國女孩Yihan與歐洲姐妹們，也跟她們成為一個小團體。最後就是固定星期日一起去教會，同時也是最佳電影咖的Chris。我的倫敦生活就在這幾組團體裡打轉，光是分批參加不同團體的活動，就已經把生活填得滿滿的。

二〇一六年初，Jerry在一家義大利餐廳舉辦了一個八人小聚餐。就算到了倫敦，華人之間最容易認識新朋友的方法，依舊還是「吃」。我只認識在場的三個人，其餘的都是Jerry的朋友，或朋友的朋友，在這一次的聚餐中，我認識了一位Jerry的朋友Sandy。

Sandy也是因為打工度假簽證來到英國，任職於

交遊廣闊的Jerry，隨便舉辦個聚會就超過三十人

倫敦知名的台灣刈包店BAO，也另外兼職其他品牌的服裝設計。她以前曾在瑞典唸設計，大學跟我一樣也是輔仁大學畢業，是我的學妹。從Sandy的打扮，稍有日系搭配北歐風格的穿搭中，我馬上推測是輔大織品服裝系畢業的學生，一問之下也果然沒猜錯。

倫敦的人流來來去去，每天工作都要見到成千上萬個新面孔，我學會很快的分辨這些不熟悉的人裡，誰跟我的個性與想法最合拍，誰可能只是泛泛之交。這些新朋友們大多數人都很好，也都是善良的，不過物以類聚，人以群分，終究都會分類的。當初Jerry在聚餐前就跟我說要介紹Sandy給我認識，他覺得我們一定聊得來。果不其然，那天的義大利餐廳聚會後，Sandy就加入了我們這組人的固定聚會了。

「里長伯」Jerry，隨手一邀超過三十人

同一年的春天，Chloe因為打工度假簽證結束返台後，Jerry這組團體又少了一個人了。很愛在聊天中拿諧音開玩笑的Jerry與我，某一次在聊天中就叫Sandy「山地（珊蒂）同胞」，也曾叫她「三弟」的有趣諧音。我們也半開玩笑說彼此是桃園三結義，依

照年紀來說，我們的輩份剛好相符：Jerry 是大哥，我是二哥，Sandy 是「三弟」。Jerry 也開玩笑說我們是「桃園人」，只不過都不住在桃園市。

雖然生活忙碌，我們的時間也很難配合，但事先預約、把時間擠一擠，每隔一陣子還是能湊在一塊聊聊天，Jerry 也都會帶著老婆 Bobo 一同參與，至於我跟 Sandy 的另一半都遠在台灣無法參加，不然就能 Triple Dating 了。某一天在韓式火鍋店吃宵夜時，Jerry 跟 Bobo 向我們宣布他們即將迎接第一位寶寶的誕生，恭喜之餘，我想了想發現自己也是在英國一路看著 Jerry 從男友變老公再變老爸的人生旅程，短短三年真的可以發生很多故事。

同一年的夏天，我見識到 Jerry「里長伯」的威力。Jerry 在七月舉辦了一年一度的公園烤肉趴，也約了我跟 Sandy 一同參與。原本以為是像中秋節那種一個火爐的小烤肉聚會，到了現場才發現 Jerry 這樣隨意的邀請，竟號召了將近三十五個人前來參與，雖然在這麼多人的烤肉會上比較難跟新朋友一個個好好認識，但那一次的烤肉會上，因為同樣喜歡足球的緣故，我認識了其中一位香港男生 James。最巧的

1.我與Jerry、Bobo、Sandy一同前往哥倫比亞週日花市
2.一群人一起玩桌遊的時光總是特別快樂

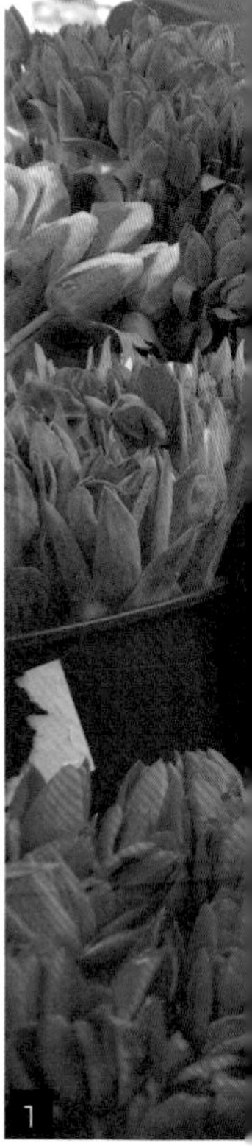

是，在沒有事先計畫的情況下，James 某一天搬家到倫敦東南邊 Canada Water 地鐵站附近的新家時，看了看隔壁房間驚呆了，原來新室友的其中一個人就是 Sandy！只能說倫敦實在是太小了。

「倫敦桌遊社」成為認識新朋友的地方

多了 James 的團隊裡也多了一項東西，那就是「桌遊」！喜歡玩桌遊的 James 除了介紹自己的室友 Sandy 玩桌遊之外，也拉我們一起進來桌遊的世界。某一次的聚會在我 East Village 的新家舉辦，James 跟 Sandy 帶了他們的室友一起前來，也帶了一款鬥智的桌遊「阿瓦隆」介紹給大家。連同我與室友姐妹們 Kimi 與 Rita 的參與，「倫敦桌遊社」便在這次的活動成立了（我自己取名的）。

從此之後，每個隔週的週日下午，只要桌遊社元老與固定班底有辦法出席，倫敦桌遊社就會在我們家「開社」。雖然每一次的桌遊社都會有人因故無法參與，但大家也都踴躍的邀請身邊的朋友，所以每一次的桌遊社聚會大約都有十個人參加，桌遊社也突然變成一個認識新朋友的地方。而倫敦桌遊社在 James

返回香港後，自然而然就由提供場地的我繼承衣缽成為「社長」了。社員多了之後，遊戲當然也變多了，但我們最喜歡玩的始終還是「阿瓦隆」，在這樣的益智遊戲裡，也更認識一個人除了聊天之外的另一面。雖然倫敦桌遊社因為我回台灣而解散了，但我相信當倫敦的大家回台灣時，一定能夠讓倫敦桌遊社復活變成「台灣桌遊社」。

1.元宵節的社課活動，搖元宵
2.大夥歡送Jerry去紐約

來自台灣與日本的訪客

壓箱寶盡出，就要給遠道而來的朋友驚喜

在離開倫敦的最後一天早晨，Momo依然帶著身上的傷，騎著略為扭曲、騎起來不太順暢的車身，再次前往路程三十分鐘距離的「Hej Coffee」咖啡廳吃酪梨吐司配咖啡……

在倫敦的期間，因為某些巧妙的機緣認識了許多來自台灣的訪客，其中一位是單車選手Momo。研究所好友Caspar回台灣後，在腳踏車業的K-Plus工作，因此認識了台灣年輕的單車小將Momo。我也曾因為短暫的回台時間幫Caspar拍攝單車訪問，與Momo有一面之緣。

收留自行車賽車手，出借家中沙發

Momo在二〇一六年得到廠商贊助，以個人名義代表台灣前往倫敦參加Red Hook Crit國際單車比賽。某一天Caspar傳了一封Facebook訊息問我：「嘿，湯瑪士，你應該還記得之前訪問的Momo吧！你倫敦的租屋處能不能讓他借住幾天？」才知道原來Momo預訂的青年旅社不讓他把比賽腳踏車放在室內，請他把車子鎖在室外。倫敦本身是個單車失竊率非常高的城市，加上是比賽用車的等級，Momo的單車停在室外根本岌岌可危，於是他就決定不入住青年旅社，旅社也願意退款。第一次來到倫敦的Momo，在倫敦也沒認識什麼朋友，向Caspar報告此事後，Caspar便急忙幫他想辦法，想到還有我這位好友在倫敦，當然就麻煩我了。

當時的我已經搬進東倫敦的East Village跟室友姊妹Kimi與Rita居住了，心想如果真的要借住的話大概也只能睡沙發吧！（我們家沙發其實滿舒服的）因為跟Momo有一面之緣，透過那次Caspar跟Momo的合作專訪，我知道Momo是個憨厚老實的男孩。因為過去已經有室友姐妹的朋友借住沙發的經驗，所以她們應該不排斥這個情況。不過我還是禮貌性的問了姊妹意見後，便答應讓Momo來我們家住下，開始他的倫敦七天之旅。

也如我所預期，Momo是個有條有理、愛乾淨的男孩，我記得每天早上起床時，都會看到沙發上的棉被、枕頭疊得整整齊齊的。聽到Momo第一次來歐洲，我當然把握這個機會，「雞婆」的推薦我自己平常料理的早餐：水果燕麥（Granola）配希臘優格，還有酪梨吐司（Avocado on Toast）。Momo在倫敦的那幾天，愛上了我推薦的早餐料理，連我回台灣時也會請我買英國超市的燕麥帶給他。至於台灣超市鮮少看到的希臘優格，也就只能當作倫敦的回憶了。

七天愛上倫敦，離開前仍要吃歐式早餐

除了在家裡做早餐外，身為地主的我當然也推薦Momo倫敦市必去的私房景點與咖啡廳。倫敦市區建置完整的腳踏車車道，讓Momo躍上自己的愛車即可輕鬆通往所有的目的地，英國最知名單車服飾店「Rapha」，也成為他個人的最愛。

個性開朗的Momo在我們家居住的那七天，很快就跟我們大家打成一片，感情、工作、人生觀等等什麼話題都會聊，感覺短短一週我都比Caspar還更了解Momo這個因緣際會認識的單車選手了。雖然

1.Momo 與他的單車
2.我與Miho訪談中

比賽時 Momo 因摔車無緣晉級總決賽，是他的倫敦之旅美中不足的地方。

但 Momo 在離開倫敦的最後一天早晨，依然帶著身上的傷，騎著略為扭曲、騎起來不太順暢的車身，再次前往路程三十分鐘距離的「Hej Coffee」咖啡廳吃酪梨吐司配咖啡，讓我明白他真的是愛上倫敦這樣的生活了。我回到台灣後跟 Momo 都還有密切聯絡，來自高雄的 Momo 也剛好搬到台北工作。因為英國單車服飾品牌「Rapha」後來進駐台灣，Momo 成功的應徵上店裡的咖啡師職缺，能夠跟英國的回憶有所相通，真的是可喜可賀的好消息。

日本部落客來訪，擔任「一日陌生人」

除了 Momo 之外，二〇一七年春天的另一位訪客更是奇妙的相遇。創立部落格一年半的我，有一天在 Facebook 粉絲團收到一則訊息，是來自日本的一位台灣人叫做 Miho。Miho 的訊息內容寫到她在日本經營的粉絲團「東京、不只是留學」裡，有個企劃專題叫做「一日陌生人」，主要是專訪同樣在日本生活的台灣人。又因為五月時她會獨自前往英國旅遊，因此想要將專訪做一個「倫敦番外篇」，邀請我當訪問的主角。

這樣的邀請，聽起來相當有趣，我也稍微瀏覽了Miho過去的專訪內容參考。當時的我，從來沒去過日本本島，對日本也不熟悉，更沒有注意過Miho這個名字。點進她的粉絲團才發現，粉絲團人數竟然有四萬以上，而且她還寫過四本書，足足比我的兩千人粉絲團多了二十倍！我真是有眼不識泰山，基於一種「這樣的專訪是個有趣的體驗」的想法，我答應了Miho的邀請。

通常Miho「一日陌生人」的專訪都會選在一間咖啡廳裡進行，不過對於第一次來到歐洲的Miho，我提出了一項跳tone的提議：「既然是番外篇，那我們把咖啡廳改成英國獨有的英式啤酒吧好了！」Miho聽了欣然接受，我們就約在一間舊式銀行改建而成的英國啤酒吧「The Old Bank Of England」進行訪問。

不喝酒的Miho點了蔓越莓汁，我則點了英式酒吧最傳統的炸魚薯條配啤酒。因為我從來沒有去過日本，Miho也是第一次來歐洲，所以我們的聊天變成一場了解彼此文化的對談。基於好奇心，我也問了Miho是從哪裡發現我這種「小咖」部落格的，畢竟寫英國的台灣部落客與網紅這麼多，我哪來的榮幸被她注意到？

Miho說他從網路上搜尋到我寫的其中一篇文章，介紹到我最喜歡的倫敦週末市集「百老匯市集」（Broadway Market），從那篇開始發現我的。我想了想，確實因為是我最喜歡的市集，我用了滿腔熱血寫下那一篇文章，注入熱情的文筆果然還是有差。因為這樣的一篇文章，牽起一段友誼，這是我從未想過的。Miho結束她初次的英國之旅後，我們也相約有朝一日換我去日本讓她當地主，換我當訪客。

1.我帶Miho前往舊式銀行改建而成的英國啤酒吧「The Old Bank Of England」
2.訪談結束，我與Miho留下紀念照片

髮型師與咖啡店店員

鬧區內匆匆一瞥的風景，最令人印象深刻

我拿出皮夾，一邊說：「嘿，跟妳說，今天是我在倫敦的最後一天，我要回台灣了。」此話一出，女店員立刻按下收銀機上的取消鍵……

離開倫敦前，要說再見的不只是那些在倫敦認識的台灣朋友們而已，台灣朋友可以回台灣再見面，更重要的反而是在英國認識的那些外國人，因為這些人可能真的要好久好久才有可再遇到了。

我的髮型，成為我的「個人特色」

有一天，跟遠在美國克里福蘭唸 MBA 的大學好友 Kenny 通電話聊天時，他說學長和前輩跟他提到：「在校成績都是假的，畢業後的工作與 Networking 的人脈才是真的。」身為過來人，我覺得這席話相當中肯，我還另外補充了一句：「在到處去 Networking 之前，更重要的是把自己準備好，也就是先有 Networking 的能力，不然人家對你印象不深或印象不好，這樣四處奔波不就白搭了嘛。」

我覺得「準備好自己」並不一定要是靠職稱，或者好成績、出鋒頭，而是要風格鮮明且忠於自己，讓別人不知不覺就記得你，遇到某些人事物的時候會自然想起你。在倫敦，我與人相識的過程總是千奇百怪。舉例來說：時隔三個月，我再度去吃 Wolseley 英式下午茶時，穿著端莊整齊的門僮大叔竟然還記得我，問他每天來來去去的人那麼多，怎麼會記得我，太扯了！他笑呵呵的說：「我不知道，大概是認得你的頭髮吧。」這樣的情景常常發生在我身上，我則將這些原因統稱為「個人風格」，而個人風格也塑造了我的倫敦生活風格。

我在倫敦的髮型師是一位來自法國巴黎的男生 Guillaume，他說他的名字就好似英國的 William，是法國大眾名字之一。自二〇一三年來到倫敦，我試了三個不同的髮型師之後遇到他，從此就固定請他剪髮，直到離開倫敦，剪髮三十英鎊不多也不少。倫敦

的髮廊、理髮廳市場很大，在路上隨處可見，便宜的剪一次十五鎊、貴的六十鎊，任君挑選。不只剪髮，連刮鬍子、造型鬍子的Barber（男士理髮）也是應有盡有。而倫敦也是我看過髮色最千奇百怪的歐洲城市，尤其是地鐵上很常看到霓虹燈般的螢光髮色。

我的髮型好像容易讓人留下印象

髮型師Guillaume，教我何謂「生活」

說到我的髮型師，在牛津街附近巷子的髮型沙龍CZARO工作多年的他，後來向公司請辭了。聽到這個消息時我大吃一驚，其實比較擔心的是我難道要再重新找髮型師了嗎！在他的Facebook私訊詢問，才知道原來他請辭是為了更偉大的夢想，那就是開自己的髮型沙龍！說到夢想，那這是夢想的實現嗎？哇，好勵志喔！如果想把這篇寫成勵志文章當然沒問題，但這篇不是勵志文章。

那你會說，不是為了夢想那是為了什麼？我會說，或許夢想的確占一點點，但促成這個決定最主要的，其實是為了回歸到一切的核心——「生活」。以前常常聽他偷偷抱怨工作，連吃飯時間都會被占據，因為被硬塞了一個客人，就算反應過後還是很容易被出包的系統排午休時間見客，久而久之，當各式各樣的問題一一浮現時，計畫離開就只是遲早的事。

故事到這裡，你大可以戴著有色眼鏡說：「嗯……法國人罷工不意外。」那我也會用同樣的有色眼光說：「台灣人就是吃虧當吃補的勞碌命。」追根究柢，其實就是自己想要什麼樣的生活而已，在不影響別人的情況下，別人怎麼看你又如何。東倫敦的那些街頭人物，一點也不在乎西倫敦的紙醉金迷，他們開著街坊鄰居拜訪的小服飾店、咖啡廳，騎著復古的單車、留著一撮小鬍子（偶爾留著大鬍子），認真過生活。因為他們知道跑車跟豪宅完全不是他們目標，他們在追求的是另一個層次。沒有對或錯，全憑個人意志。

如同Guillaume，他自營的髮廊開在倫敦南邊格林威治附近的Deptford Market舊式地鐵拱橋下叫做「The Box」，就在倫敦金匠大學（Goldsmiths,University of London）附近。對他來說，離家近、每天帶著自家小狗Jacqui去開店，偶爾跟做刺繡的男友在附近喝幾杯酒，這樣的生活就滿足了。然後發現，竟然有這麼多客人願意追隨他來到這個算偏僻的小工作室，聖誕節前預訂滿滿，連前髮廊同事也想加入他的團隊一起打拚，而且我現在給他剪髮的定價還比以前便宜，難道這不是個雙贏嗎？他說：「雖然每天實際上班時間比以前還多，但這是他想要的生活，多工作一點不算什麼。」

而倫敦，就這麼持續不斷的為我重新定義「生活」這兩個字。

咖啡館女店員，給了最後一天的驚喜

二〇一七年八月二十二日，是我離開倫敦的倒數一天。那最後一杯的Monmouth咖啡，始終如一的味道，襯著店裡始終如一的喧鬧。我不曾想過倫敦的結局是如此漂亮的收尾，每天早晨喝著全世界都想嘗一口的咖啡，在散步去美術館般的店面上班，沒有加班，沒有回家作業。這種重複的生活也算是夫復何求吧！說再見不難，我卻留到最後一天才說出口。

「今天的咖啡三點一英鎊。」女店員敲著收銀機說。

我拿出皮夾，一邊說「嘿，跟妳說，今天是我在倫敦的最後一天，我要回台灣了。」

此話一出，女店員立刻按下收銀機上的取消鍵。

「你是說『回去』？」她瞪大的雙眼有些疑惑。

「對呀，明天的飛機。」我說。

「來，你想要什麼咖啡豆？讓你帶回去吧！」

雖然有點不好意思，但我如果不帶一些她一定會有點過意不去。

1.Monmouth的咖啡豆是我的最愛
2.我與我的法國髮型師

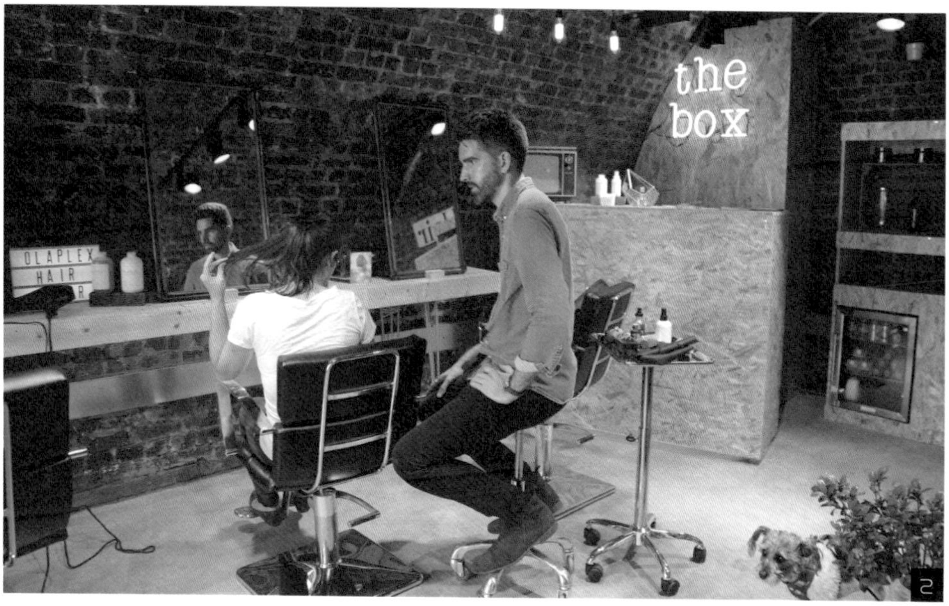

「我看看…… 那就薩爾瓦多的 Finca Malacara 好了。」我指著她身後新鮮的豆子。

「還要什麼？不多帶一點嗎？你要多大包？」她笑著，並指著身後各式大小的包裝。

「一包就好了，兩百五十克，我行李裝不下了。」

「你確定？不再多帶一些嗎？」她用一種你不用跟我客氣的口吻。

「誒，真的，我行李箱要爆炸了，在這住久了行李很可怕，但是還是很謝謝妳的好意。」

最後寒暄了幾句，說著當年以為很久才會回倫敦，沒想到半年後就又回來的故事，人生很奇妙之類的等等。

「我再幫你跟 Crystal（店裡的亞裔女生）說你要回去了，祝你一路順風嘍。」這是離開前聽到的最後一句話，我揮一揮衣袖，不帶走一杯咖啡。

就這樣，我喝了霸王咖啡、提著霸王豆跟我最愛的咖啡廳 Say goodbye，也跟我的三年倫敦生活 Say goodbye。

生活

CHAPTER 4

倫敦，原來如此

倫敦人真的千奇百怪，同一件事，遇到不同的人，可能會有不同的結果。當初要去巴克萊銀行開英國帳戶時，接待的服務員跟我説因為太多人申請開戶，可能要登記排隊等兩週。但在同一天下午，我又去了同一間巴克萊詢問開戶的相關內容時，換班後的另一位服務人員竟然請我稍坐一會，然後，當天就在理財專員的透明辦公室裡辦好了。

準備落腳西倫敦

原來找房子也要填履歷，也要面試

租屋網就好像求職網一樣，需要寫一份履歷表介紹自己並附上照片，希望未來室友或屋主在眾人之中挑選自己成為房客，甚至還可以設定篩選條件……

研究所畢業後，決定留在倫敦多待四個月的我，開始在租屋網尋找新的住處，對於從來沒有任何跟外國人同居經驗的我，覺得這是在倫敦必體驗的一件事，於是我就撇除所有華人租屋社團不看，從外國人常使用的租屋網開始著手，其中大致上分成兩類。一種是房東將整間住宅都出租，包含所有的房間、廚房與客廳，房客自己需將人數湊齊，再跟房東簽約住宿。另一種則是住宿中的其中一個房客先行離開，需要找另一個人替補他的位置，而在網站上公告尋找新房客。前者所說的租房網站如知名的 rightmove.co.uk，而我使用的 spareroom.co.uk 則是屬於後者。

租屋就像求職，室友要面試新房客

倫敦的租屋市場流動率非常快，今天看到的新公

1

1.愜意的西倫敦住宅區
2.新住處客廳

告，常常一、兩周後就被租走了，租屋訊息來來去去的快速轉換，使得找房子、看房子時要快、狠、準。也因為有這種供不應求的錯覺，所以在租房時房東多半不怕找不到房客，對新房客的要求與條件相對比較高，反正你不租，其他人還等在門外搶著租呢！

因此，有趣的來了。我所用的租屋網就好像求職網一樣，需要寫一份履歷表介紹自己並附上照片，希望未來室友或屋主在眾人之中挑選自己，甚至還可以設定篩選條件，可以看到入住的室友是什麼國籍、性別、在什麼行業工作、會不會抽菸、有沒有寵物……等等。有些比較熱門的房間還會公告徵選日期，所有的室友會一同面試所有「應徵者」，並決定最後由誰錄取得到這個床位，這種貼文我看了多是哭笑不得，趕緊看下一篇。因為居住時間只有約莫四個半月，比平常的基本合約六個月還要少，所以符合我的需求結果相對少了許多。

學生時期住在東倫敦，因此這次找房子特別想找西邊的租屋體驗東、西倫敦的差別。當初學校宿舍租房的慘痛經驗後，我這次學乖了，仔細檢查房屋的狀況。連續看了幾間房子後，不管是交通或室內環境都

不甚滿意，偶然看到一篇最新貼文，寫著居住地址在西南倫敦切爾西的位置，房價也比那個地區的平均房價低了不少。身為切爾西球隊的球迷，如果能夠因地緣居住在球隊主場的附近，也算是另一種圓夢吧！我趕緊遞出履歷，也迅速得到房客的回應，並前往住處看房。

感謝父母相助，四個月半租金一次繳清

出租房間的是一位英國女生Tanya，年約三十，留著稍顯凌亂的金褐色長髮，她因為個人因素必須離開倫敦回到英國家鄉，居住的這間房子是位在頂樓三樓，三房一廳一衛的英國國宅，從門口沿著巷子走路三分鐘，即可到達主要交通幹道國王路（Kings Road）。屋內是樓中樓的設計，廚房與客廳在樓下，房間與廁所都在樓上，兩個房間各住了一個室友，而她出租的則是主臥室，主臥室的兩扇窗戶打開即可望向外面的街道，是一個沒有高樓阻擋的社區，黃昏時陽光也會灑進房內。

聽完她的解說與實際看過房子後，心中有一種「就是它了」的感覺，當機立斷決定租下這個房間。

雖然不曉得當初Tanya邀請過多少人來看房，也或許我只是第一位來看房的人，她當下很阿莎力的答應我的入住。因為房東委託房仲公司管理這個租屋，所以在住房名單換了人的情況下，必須再重新簽一份住房合約，而房東也同意我的租約在簽證最後一天結束，於是我順利完成租屋簽約。因為還沒有工作，無法保證每個月按時繳房租，所以四個月半的租金要一次繳清，這比較棘手。幸而得到父母親的協助，先替我結清租金的費用，讓我不用擔憂去哪裡籌這筆錢。

搬家是一件可怕的事，從東倫敦搬到西倫敦更是不易。看著學校宿舍房間內的家當，我心想：「奇怪，當初也才一個大行李箱來到倫敦，怎麼在短短一年就多出這麼多東西了？」算了算房間內東西的數量，計算著大概要花幾趟路程將行李從東倫敦Mile End車站扛到西倫敦Sloane Square。

錯估搬運趟數，叫車搬完最後一趟

而人生也常常事與願違，當初盤算的四趟行李箱搬運也宣告計畫失敗，在搬離學校截止日九月五號當天，是第四趟也是最後一趟的搬運，我懊惱不

1.新家社區附近的市集
2.社區外的大馬路國王路
3.新家雅致的小陽台

已的看著房間剩下的東西，「糟糕，搬不完。」只好叫了此生第一次的出租車載客 Addison Lee。跟知名的 Uber 計程車類似，它可以指定時間跟位置載客，抵達目的地後才現金付款，不另外跳表。當初 Uber 在倫敦還不算流行的時候，常常看到車身印著「Addison Lee」出租車的身影，因為英國傳統的黑頭計程車（Black Cab）非常貴，許多人轉而搭乘 Addison Lee 這種非正統計程車的出租車。在倫敦，只有黑頭計程車才可以在路上隨招隨停，其他的出租車必須指定地點叫車。

即使是離開學校的最後一天，學校的宿舍服務處依舊讓人失望。房間鑰匙歸還後，服務人員給了我一張紙條，上面印著鑰匙繳交的存根聯，平常拿到這種東西就跟在英國拿到發票一樣（英國發票不能兌獎），不太重要，丟掉也沒關係，反正鑰匙已經確確實實的交到對方的手掌心了。不料幾天過後，學校竟然寄了一封信，寫說我的鑰匙尚未歸還，請儘速歸還，不然要罰款。下面還寫著，如果鑰匙確定已經歸還，請將存根聯拍照或掃描，回覆信件以示證明。

已經學聰明的我這時笑了，早在拿到紙條的當下，就已經用手機拍下存根聯以防萬一，「永遠要保護自己不被暗算」是我在英國學到的一個功課。巧的是，同樣住校的 Caspar 竟然也收到一樣的信件！雖然沒有證據，但我還是壞心的想，不知道有多少學生因為隨手丟掉存根聯而因此遭殃了，連人都離開了學校還不放過。唉，算了！反正離開後，這些是是非非也與我無關，遲早煙消雲散。

搬進新屋的第一天，就對切爾西這個社區的印象很好，可能是因為對切爾西這個名字本身就有喜好，也可能是住在此區的居民以家財萬貫且已經在養老的爺爺奶奶居多。光是看著他們愜意的帶著小狗出來散步，或緩緩地開著復古跑車穿梭街道巷弄，自然的心情也就跟著放鬆起來，跟以前東倫敦每五到十分鐘就能聽到警車、救護車鳴笛的高分貝聲響相比，這個地方真的是天堂。

再見東倫敦，我邁著腳步向前，迎接我的西倫敦新生活。

倫敦哪裡不一樣？

求學或工作總免不了要搬遷住處，在倫敦找房與搬家，有哪些特別要留意之處呢？

- 出租分兩類，整間房子出租，或者是室友搬家找室友。
- 租屋市場熱絡，租房訊息一閃即過，要及時把握！
- 搬家可考慮「Addison Lee」或 Uber，指定時間與位置載客。
- 在倫敦，只有黑頭計程車才可以隨招隨停，其他的出租車都必須指定地點。

社區門牌特別標記「皇家」社區

讓人傻眼的租屋倒霉事

好室友和好環境一樣重要

Swiss Cottage的客廳

這位室友的朋友一借住，竟然就住了將近五個禮拜，當我平常起床要吃早餐，走進客廳看到有個人在沙發上睡覺時，實在覺得尷尬。

第二次的倫敦之旅，因為先前使用 Spareroom 租屋網成功找到好室友，於是我又再次靠它找房子。這次的房子看到了一間西北倫敦 Swiss Cottage 地鐵站附近的大樓公寓，張貼者是一位紐西蘭房客，另一位房客則來自加拿大。Swiss Cottage 是個非常好的住宅區，很多日本跟韓國人也都住在此區，所以除了英國超市之外，日韓超市或小店也不少。當初因為 Lanka 這家日式糕點店，曾讓我千里迢迢到訪，才會知道此區的環境。

新家入住前，得知淹水噩耗

美中不足的是 Swiss Cottage 的房價偏高，要找的預算內的房子不容易。運氣非常好的我（有沒有發現我每次都很幸運？又或許只是心態不同而已），看到的一篇房屋出租公告價格比我在西倫敦切爾西還便宜，於是想一探究竟。Swiss Cottage 地鐵站出來兩分鐘，走過社區圖書館前美麗的小公園就到了，公園的櫻花樹在春天的時候盛開，是很多遊客到訪捕捉櫻花之美的地方，大樓門牌印著 Taplow，是一棟舊舊高高的公寓。

走進公寓大門仔細一瞧，果然是一棟國宅公寓（Council House），一棟大樓有大約一百五十戶人家，大門口還殘留著抽大麻的味道，雖然大麻在倫敦違法，但也算常見。雖然大樓外觀老舊，進到屋內卻是重新裝潢整理過，看起來八成新的房子。檢查浴室時，蓮蓬頭水壓也非常強勁，這在英國非常難得，房租是水電費全包的一口價，問了這位紐西蘭人一些基本的住房資訊、繳費方法，從租房免合約可以推斷他應該是二房東，房租收齊後一次繳給房東，至於房東開價原本是多少就不得而知了。

當時還借住在中國女孩 Yihan 家，沒剩幾天可以看房子了，沒有想太多就把這間房子租了下來。要搬進新家的前一天，紐西蘭室友傳簡訊跟我說，樓上住戶因為水龍頭沒關導致屋子淹水，淹著淹著，就從地板滲水滲到我們家天花板，再從天花板一滴一滴到木頭地板。可怕的是，木頭地板吸水之後膨脹隆起，而隆起的位子還正好是我的房門前，導致房門沒有辦法關起來。聽到這個故事讓我相當錯愕，前幾天看房時明明還好好的。雖然英國的浴室都沒有排水孔是真的，但是樓上到底是淹了多少水，才可以把家裡搞成這樣？果然是國宅的建材品質。

公共空間被占據，心生搬離念頭

已經是入住的前一天，雖然沒有簽合約的我如果跑掉也沒關係，但如果跑掉的話，我也不知道該何去何從了。由於曾受過學校宿舍住房經驗訓練，跟紐西蘭室友說：「沒關係，我可以住下來。」反正已經拍照蒐證，樓上也同意要賠錢，麻煩幾個禮拜沒關係。接著經歷了屋內所有木地板被拆掉，在凹凹凸凸，髒兮兮的原始水泥地板生活的日子，跟鋪好全新木頭地板的日子。

會選擇這個租屋的另一個原因，跟當初切爾西的租屋一樣，家中都有餐廳跟客廳相連的寬敞公共空間。回到家後，我跟室友的活動範圍也在廚房與客廳為主。紐西蘭室友很喜歡下班後約朋友們來家裡玩，

1.進行地板維修前，我體驗了好一段原始地板的日子

2.新住處社區的早晨

大概七天內會有三、四天都有固定的朋友在家裡。一開始覺得沒什麼關係，還會跟他們一起聊天、玩紙牌遊戲。後來次數多到我都有點膩了，不過他們在沙發看電視，我就在餐桌上用電腦就好，不太影響。但後來太常見到那些人，導致我在餐桌上用電腦變得有點不自在，擔心影響到他們看電視或聊天，所以我就默默地移駕到自己房間。

這件事情其實還好，因為我如果真的想要用公共空間也不是不可以。但導致我最後會不想住在那裡的主要原因，是因為紐西蘭室友的同鄉好友似乎跟他的房東出了什麼問題，所以被趕出原本的房子，就借住我們家客廳幾天，借住沒什麼關係，因為在倫敦常常有各地來的朋友會來借住兩三天。

不過紐西蘭室友的朋友一借住，竟然就住了將近五個禮拜，卻從來沒說過他要住到何時，也看不出他有在找新房子的樣子。當我起床要吃早餐，走進客廳看到有個人在沙發上睡覺時，實在覺得尷尬，只好退到廚房去吃早餐。我跟另一個室友就越來越看不下去，最後決定一起寫訊息問紐西蘭室友到底他朋友還會住多久。

後來和Kimi、Angie在聖誕節聚會相遇，相談之下發現有機會搬過去一起住，順勢我也將房間讓給這位紐西蘭沙發客，兩全其美之下，我順利擺脫了這個噩夢。

首次英倫聖誕節

鬧騰的平安夜，寂靜的聖誕日

觀光街區的街道上垂掛的聖誕燈飾，每一年都大同小異，但對於第一次在聖誕季來到倫敦的觀光客來說，燈飾依舊炫彩奪目，讓人目不轉睛……

在美國，聖誕季節通常是十一月下旬，感恩節隔天的黑色星期五（Black Friday）正式開始，在聖誕節隔天的跳樓大拍賣節禮日（Boxing Day）達高峰後，持續跳樓拍賣到跨年完的一月五日左右結束。在歐洲，因為感恩節不是傳統節日，所以聖誕季節正式開跑沒有固定日期，甚至十一月初就會看到聖誕燈飾掛在街頭了。在英國，嚴格來說聖誕季至少會在十一月十一日（Remembrance Day，國殤紀念日）之後才開始。

繽紛聖誕季，眾品牌在鬧區爭勝

近幾年，跟隨著美國的購物風氣，許多英國的商家們也在黑色星期五當天開始將商品下殺折扣，聖誕購物季在這時正式開始。由於 Burberry 工作的地點本身就已經是暢貨中心（Outlet），因此即便是聖誕購物季也沒有太多的改變，原本已經折扣的商品，或許標價會再繼續下修。不過標價下修平常每隔一陣子就會調整了，所以也不是聖誕節才特有的狀況。

在倫敦，從來不用擔心錯過聖誕季節的來臨，因為街道上的變化，大大小小的裝置藝術，各個店面的櫥窗設計，提醒著所有人聖誕季的到來，一踏出門就可以感受得到濃濃的聖誕氣息。各大品牌也紛紛搶搭順風車，設計最特別、最吸引人的活動或招牌廣告，讓路過的消費者難以忽視。除了裝飾之外，電視廣告也成為各個品牌的競賽擂台，每年哪一個品牌的聖誕廣告拍得最好，成為各大新聞媒體爭相報導的熱門話題，其中以英國居家百貨 John Lewis 的聖誕廣告討論度最高。

除了在倫敦各個觀光區的聖誕樹與裝飾常常有品牌贊助之外，也能看到眾品牌異業結盟一起分食聖誕

由迪士尼娃娃們堆疊而成的聖誕樹

季這塊大餅。有些品牌甚至找地方擺放自己的作品，例如二〇一五年聖誕，迪士尼在倫敦國王十字火車站的國際車站搭起了一顆三層樓高的聖誕樹，特別的地方是，聖誕樹不是由樹枝樹葉組成，而是由迪士尼各個卡通人物的玩偶堆疊而成。

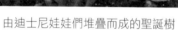

燈飾燦爛絢麗，戶外溜冰場爆滿

至於觀光街區的街道上垂掛的聖誕燈飾，每一年都大同小異，但對於第一次在聖誕季來到倫敦的觀光客來說，燈飾依舊炫彩奪目，讓人目不轉睛。有趣的是，在這個階級意識已經成為傳統文化的國家，連從聖誕燈飾上也能看得一二。西倫敦富人區切爾西內，路上每一根電線杆上都串著一棵發亮的小聖誕樹，我站在路邊看著壯觀的電線杆與聖誕樹，心想這種佈置大概只有這樣的高級社區才有可能做得出來吧！

除了聖誕燈飾、聖誕商店街外，戶外溜冰更是聖誕季獨有的活動，不管是倫敦眼、倫敦塔、自然歷史博物館，甚至是百貨公司內，都可以看到因聖誕季臨時搭起的溜冰場，即便一場四十五分鐘的溜冰活動要價十六英鎊（約台幣六百五十元），溜冰場依然場場

國家歷史博物館前的溜冰場，是很多人喜愛的冰場

爆滿。小時候在美國就滿喜歡溜冰的我，在二〇一三年剛來到倫敦時看到戶外溜冰場興奮不已，光是那年聖誕季就去了四個溜冰場。倫敦聖誕節的氛圍真的非常溫馨且浪漫，這也難怪周杰倫當年會選擇在倫敦的聖誕季節求婚。

聖誕節對歐洲人來說有點像台灣的農曆過年，許多公司員工都會安排放假連休，透過聖誕與跨年的連假，回家鄉跟家人與親戚團圓吃聖誕大餐。人在異鄉的台灣遊子們沒有家人陪伴，當然就自個兒相約平安夜一起慶祝了。相約慶祝不難，難在平安夜後隔天的聖誕節，所有大眾交通工具，公車、地鐵、店家全部停止營業，前一晚如果住在朋友家，聖誕節當天就要想其他交通方式回家，聖誕節當天出外找朋友，通常就是搭貴好幾倍的 Uber 或是騎倫敦的城市共享腳踏車。在 Burberry 工作的那個聖誕，Kimi 與 Angie 約我一起參加她們台灣人的聖誕交換禮物活動，她們大夥兒包下一間東倫敦青年旅社的八人房，在青年旅社的共用廚房一起煮火鍋。心知隔天又跟往年聖誕節一樣必須騎單車回家，我就穿著一身運動裝扮參加聖誕派對了。

傳說中周董求婚的聖誕樂園Winter Wonderland

遊子自成群體，相約旅社歡聚

派對內的台灣人，多半都是跟我一樣抽到英國打工度假簽證在倫敦工作的人。簽證抽籤放榜後，同一屆抽籤的人通常都在相近的時間抵達倫敦，因此很容易呼朋引伴，自成一個小群體。在英國年資相仿的人就會聚在一起，甚至還有社群社團或聊天群組。我個人因為曾在倫敦求學已經有自己的交友圈，所以算是例外，這群人也是第一個遇到的打工度假群組。

我對倫敦深夜派對的印象是，通常有酒水的場合，若是過了半夜一點鐘後還在喝的話，八成就會變成一場混亂。這次也不例外，大概撐到凌晨三點鐘左右，我陪住附近的Angie走回家後又回到青年旅館，一進門，我大概只能用慘不忍睹來形容打開門看到的場面。（真的是傳說中的「不要問，很可怕」）

隔天退房後，根本沒有睡飽的我原本打算花錢搭乘費用加倍的Uber回家，沒想到已經確認來旅社門口載我的Uber司機，竟在約莫車程五分鐘距離的一個橋邊靜止不動了，等了五分鐘左右，手機螢幕上追蹤的司機定位一樣沒有動靜，我越想越奇怪，猜測司機應該是覺得自己的車資費率太低吃虧了，想讓我因等不到車自行取消，自己再去載高費率的乘客。偏偏若是在等候時間超過五分鐘後取消，會被 Uber 酌收取消費用。

等不到車子的我真是一肚子火，憤而走向旁邊的城市共享腳踏車停靠站，牽了一台單車開始騎往我那要四十分鐘單車路程的西北倫敦住處。在跨過東、西倫敦的路程上，我經過著名的觀光街區，看到攝政街的逛街大道即便全數商店都大門深鎖，走在街上只能逛櫥窗流口水的觀光客卻一點都沒有減少。沿路經過倫敦知名的五星級飯店 Claridge's 時，看著飯店門口停靠著一排馬車，才發現在沒有大眾運輸的聖誕節，飯店突發奇想請來馬車作為客人們的代步工具，邊騎單車邊跟馬伕自拍的我，心想倫敦市果然是個千變萬化的遊樂園呀！

倫敦哪裡不一樣？

對歐洲來說，聖誕節相當於台灣的農曆新年，除了過節之外，這個城市還有哪裡不一樣呢？

- 感恩節隔天的周五（黑色星期五）正式開始聖誕購物季，商品皆有打折。
- 各大鬧區皆有知名品牌進駐，利用裝置藝術爭美。
- 處處皆有戶外溜冰場，人氣爆棚。
- 聖誕節當日，商店多數休息。
- 聖誕節當日，大眾運輸工具僅剩Uber或城市共享腳踏車。

聖誕節的隔天，我騎著城市共享腳踏車回家

在倫敦迎接新的一年

連續三年享受絕美倫敦眼煙火

第二、三次看才發現，雖然煙火的花招都差不多，但卻更懂得放下手中的相機，沉浸在那如萬花筒般在眼前播放、點亮夜空的色彩中……

聖誕節後緊接著就是跨年了，介於這兩大節日中間的七天，是零售業最忙錄的日子。聖誕節是西方文化最大的送禮節日，店裡來來去去的客人通通在花錢挑禮物，此時正是把自家最得意的商品推銷出去最好良機。而那些不得人疼，到了聖誕節都沒有賣出的折扣商品，就沒有擺在貨架上的價值了。

商家們會在聖誕節隔天的「節禮日（Boxing Day）」，把這些「過季品」一次出清，這也是為什麼購物狂們會對 Boxing Day 這天為之瘋狂。舉例來說，聖誕節前某件皮外套打了八折，過了聖誕節後，剩下的外套將會在一夜間通通變五折。那些八折嫌貴，五折巴不得多買幾件的商品，就會在 Boxing Day 這天被客人們一掃而空，好貨只會剩下尺寸過小或過大的服飾。（當然原本的當季正價品完全不受聖誕節影響）

聖誕節前後，品牌清倉大拍賣

因此，我的英國朋友們主要有兩派人馬，一派是在聖誕節前把折扣衣服買一買的人，享有較齊全的尺寸較少的折扣。另一派人則是在聖誕節後，等折扣衣服大拍賣時，如挖寶藏般從一堆便宜的衣服裡面挑選自己喜歡且尚有尺寸的款式。在這兩派中，我個人是屬於前者，至於那些活在這兩者的夾縫之間，會在十二月二十六日一大早去店門口排隊等營業，想要兩全其美的人，我的朋友裡這種人算是少之又少。

因為聖誕節是西方人團圓的時候，所以接近聖誕時跟朋友們聊天反而比較常問：「你跨年夜打算要幹嘛？」早在聖誕節前十天就在南倫敦家中提早舉辦聖誕大餐的中國女孩 Yihan，除了約她研究所班上的好姐妹一起在家裡共進晚餐、交換禮物之外，也把我叫去一起慶祝。先前因 Yihan 而認識的外國女生

Jenny、Ana、Anais 與 Sofia，還是會常常碰面，這群女生說來也算是我的歐洲姐妹們吧。這次的交換禮物其中一樣是保險套，從禮物交換完後她們把保險套當氣球一樣吹起來玩耍就可以看出，歐洲人對「性」這檔事的開放度果然遠超過亞洲人。

來自菲律賓的 Jenny 在這次聚餐時，邀請我們跨年的時候去她家一起慶祝，剛好她家位於倫敦眼跨年煙火的管制範圍，所以憑社區發放的免費煙火手環，即可進入原本要收費的跨年煙火管制區觀看煙火。這麼酷的體驗我怎麼能錯過呢？

沒有演唱會，等待時間自行消磨

說到倫敦跨年，從二〇一三起，連續三年我都在泰晤士河畔的倫敦眼摩天輪看跨年煙火，跟著大家在寒風中倒數度過。三年來，我每年來到煙火現場排隊占位置的時間越來越晚。

第一年是倫敦跨年煙火最後一次免費入場，那次之後，沿著泰晤士河畔的煙火觀賞區都需要事先上網訂票，還像演唱會一樣會按照 ABCD 分區。因為是最後一年免費入場，所以那年的人潮非常多，為了不用伸長脖子觀賞煙火，早在跨年夜下午五點半我們就已經抵達倫敦眼正對面的觀賞區時，但我們還不是最早的，好幾位攝影師老早就拿著腳架在河邊的欄杆等著了。

我們算是較早的一批人，占據的位置在河岸邊的步道上，倫敦跨年煙火的等待時間非常無聊，不像台灣還有演唱會表演，一路唱到倒數。在倫敦，等待時就只有熱門音樂從旁邊的巨型喇叭播放，也沒有 DJ 在控制音樂或跟大家互動。因此來等煙火的人一定要將裝備準備齊全，把酒水、撲克牌、童軍椅、坐墊……等等全部帶齊，才不至於等得太無聊。

等煙火時，最可怕的是上廁所。喝了酒之後就會想上廁所，上廁所還要算好時間，由於人潮太多，擠去路邊的移動式廁所、排隊、再擠回來，就要花上將近一個小時的時間，要是因為上廁所而錯過煙火就太吃虧了。而免費入場的煙火秀，自然看煙火的人潮相當龐大，對許多企業來說也正是品牌行銷的最佳時刻。那一年的煙火，不只電信公司 Vodafone 發放會閃爍不同顏色燈光的手環，煙火也主打首次將氣味融入煙火表演，意思是說當煙火爆出紅色花火時，街上

Yihan提前舉辦的歐洲女孩聖誕大餐

1

裝設的香氛噴霧器就會噴出草莓的香味，雖然不是煙火本身有味道，但的確是一個很特殊的體驗。這些特別的道具與另類效果，在正式開始收費入場後就不曾看到了。

倫敦眼煙火，全歐洲最美的跨年煙火

煙火收費的第二年，我剛好重感冒，但是已經買好的三張門票不能浪費，所以我還是陪專程來倫敦告白的研究所同學 Caspar 與她的新女友一起去看跨年煙火。我們快要晚上十點才從大笨鐘旁的 Westminister 地鐵站走向煙火觀看區，沒想到這麼晚抵達現場，竟然跟前一年下午五點半占的位置一模一樣，就是倫敦眼正對面的河畔走道。第三年更誇張了，因為有 Jenny 的社區手環，我們在煙火釋放前的十分鐘才出門看煙火。因為 Jenny 家的位置跟倫敦眼是同一側，所以那一年我看到的煙火是側面釋放的景象，而非泰晤士河對岸。

倫敦煙火真的是此生必看一次的壯觀表演，歐洲跨年最盛大的煙火表演我想非倫敦莫屬。連續看三年的我，也是把倫敦眼給看個夠了，觀賞的心得大概

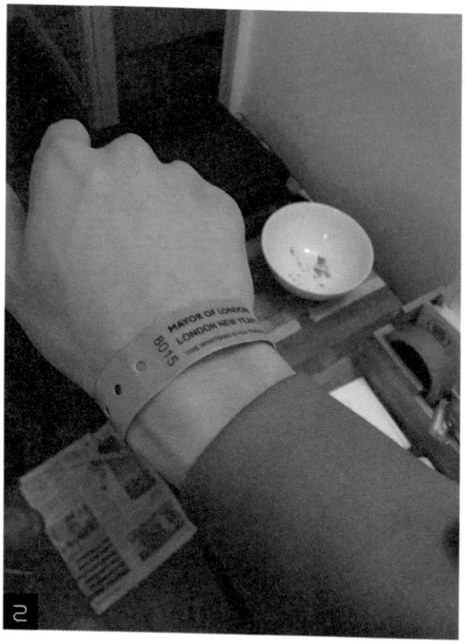

1.倫敦眼讓人難忘的跨年煙火
2.憑著社區發放的煙火手環，可免費進場觀賞煙火

倫敦哪裡不一樣？

台灣的跨年夜總是朋友之間的歡樂聚會，倫敦也是如此，但是煙火綻放前後，卻有著些許的不同。

- 煙火綻放前，不像台灣有演唱表演活動。
- 提前卡位，自備酒水與撲克牌、桌遊可以消磨等待時間。
- 散場時，鄰近的車道與地鐵站都會關閉。

就有點像倫敦的聖誕燈飾。第一次覺得光彩奪目，努力的想用相機捕捉每一個畫面，第二、三次後發現，雖然煙火的花招都差不多，但卻更懂得放下手中的相機，沉浸在那如萬花筒般在眼前播放、點亮夜空的色彩中。也同時提醒我，除了紀錄生活之外，更要活在當下。

散場時為了疏導交通，鄰近的車道與地鐵站都會關閉，所以行人需沿著空空盪盪的馬路，走向最近的交通工具。大批散場的人潮走在路上，有一半的人都是喝醉的狀態。我總會將行動藍牙喇叭放在背包裡，遇到這種時刻，就可以將音量調到最大，讓音浪從背包裡流洩出來，周圍的陌生人發現有人體移動音樂箱時，便會湊過來說：「欸，這邊有音樂耶，那我要跟他一起走。」我們就在空曠的大馬路上一邊跳舞，一邊走向各自回家的路。

耳溫槍一測，顯示「四十度」，心想不妙，我就打電話給在醫院工作的爸爸請求協助……

不！我一點也不想參觀急診室

室友突如其來的急病

1

三月二十四日是我的生日，錄取蘋果電腦之前，原本想去吃倫敦米其林二星餐廳 Le Gavroche，礙於預算不足，我將計畫改成第二順位的法式餐廳 Clos Maggiore。位於柯芬園的 Clos Maggiore，它被票選為倫敦最浪漫的餐廳，因為它有個用餐空間天花板上佈滿垂墜花朵。非常浪漫，甚至會有人選在這裡求婚。不過因為這個用餐空間只有八張餐桌，所以這個「花花房間」常常好幾個月前就被訂滿。

昨日共進生日大餐，隔日室友突然病倒

跟新室友姊妹 Kimi、Rita 與 Angie 來慶祝生日的我沒有要求婚，當然不需要跟情侶們搶花花房間的訂位，不過人滿好的店員幫我們安排在花花房間門口的包廂，我們就邊吃飯邊欣賞情侶含情脈脈的望著彼此。許多餐廳在傍晚五點半到六點半之間會有套餐可

1.與室友一起共進生日大餐
2.法式餐廳Clos Maggiore

2

以選擇，比單點便宜很多，所以我也抓準這個時間來用餐。因為還不是八點的正式用餐時間，所以趁餐廳內沒有客人，趕快在花花房間拍照留念。

除了一起在餐廳吃生日晚餐以外，室友姊妹還買了生日蛋糕當作宵夜，在生日快要結束前幫我唱生日歌，吃完蛋糕後大家就各自回房睡了。隔天醒來時，姊姊Kimi已經去上班，妹妹大概一如往常睡得比較晚，我就開始忙著蘋果面試的準備。忙到一半，Kimi傳了手機訊息，叫我去看一下妹妹Rita，她好像不太舒服。打開房門看到Rita滿臉通紅的臥病在床，講話聲還很虛弱，看來病情不輕。原本家裡超安靜，我還以為Rita還在睡覺呢，姊妹應該是怕麻煩我，所以才沒跟我說Rita不舒服這件事。不過聽Kimi說，Rita從前一天半夜就睡到一半起來吐，後來就開始發燒了。

一聽到吐，我第一個反應就想到昨晚的食物，但昨天吃的所有東西我們其他人都有吃，包含晚餐跟蛋糕，所以直覺上不太可能是食物所引起的。眼看情況沒有好轉的跡象，Kimi就提早跟公司請假回來照顧妹妹，也買了體溫計回來測量發燒的程度。耳溫槍一測，顯示「四十度」，我的警覺心告訴我不妙，我就打電話給在醫院工作的爸爸請求協助。爸爸說耳溫四十度通常代表實際核心溫度還更高，最好趕緊送醫處理，畢竟家裡也沒有藥物或醫療器材。

尚未申請家醫，求助英國健保局

英國的醫療制度（NHS）跟台灣大不相同，不是街上處處有診所還有健保給付。基本醫療流程是要先申請一位固定的家庭醫生診所（GP），幾乎所有的生病症狀都由家庭醫生初步診斷後，較嚴重者再由家庭醫生轉診到指定的醫療機構與部門。這也是為什麼一般感冒，英國上班族寧願買成藥在家休養，回到公司也不需要補醫師證明，因為預約家醫門診本身就不容易，也可能要等好幾天。雖然不方便，但這樣的醫療制度可以避免醫療資源的浪費。

偏偏那一天是週末，沒有醫院門診可以掛號，更別說是要見家醫了。而比這件事還有更棘手的，是妹妹來到英國的時候根本沒有申請家醫，所以也沒有家醫可以諮詢。通常申請英國簽證時，繳費的款項就包含英國健保的費用，使得所有外國人都能使用英國的醫療設施。不曉得是忘記去申請，還是壓根沒想到自己有一天會生重病，妹妹來到英國一年半時間，都尚未申請家醫。

在這種緊急情況，申請家醫就已經是其次了，附近醫院的官方網站也沒有寫聯絡方式，最後方法就是打去英國健保局NHS的免費服務電話求救。電話一接起，我便滔滔不絕的跟另一頭的小姐解釋室友妹妹的情況，NHS的小姐大概問了我二十個問題，關於吃了什麼、身上有沒有傷口、有什麼症狀、有沒有吃任何藥物處置、是什麼藥物……等等，甚至有一些私人問題是請我把電話拿給本人，一定要由本人回答的。

我猜測這些問題是NHS的醫療人員在逐步歸納是什麼病症、情況是不是危急、該怎麼處理的標準流程，最後NHS的小姐表示她已經幫我聯絡家裡附近Homerton Hospital的急診室，叫我過去時直接跟急診室的櫃檯說明即可。

坐Uber送急診，轉加護病房

叫了一台Uber車，我們在二十分鐘後便抵達醫院急診室。妹妹因為全身無力，所以一路都需要有人攙扶。我們半拖半扛的一起走進急診室，原本在座位上等待看急診的病人們目光全都聚焦到我們的身上。從外觀來看，這些病人的情況都沒有室友妹妹嚴重，我心想「該不會還要等這些病人都看完之後才會輪到我們吧！」幸好，Rita的名字很快就先被呼喚了（可見病情真的緊急），起身要前往報到時，Rita忽然全身無力跌坐在地上，姊姊Kimi也無力扶她起來，我見狀便趕緊用雙手公主抱的方式把Rita全身抬起來托在胸前，快速走向進診間。護理人員快速的替Rita吊點滴與施打藥劑，過了一陣子，從Rita的臉色看不出好轉，值班的醫生也說血壓一直往下掉，不是很樂觀，建議將Rita送進加護病房治療，我跟Kimi就只能在外頭等待，看著躺在病床上的Rita被推進寫著「ICU」（加護病房）的大門。

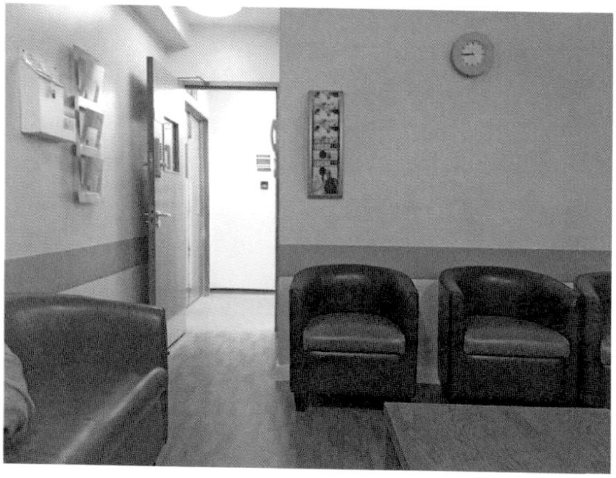

在醫院等待室焦急的等待Rita的診斷結果

一場病與一段美好的友誼

虛驚一場的Rita住院記

「感覺英國住院會很貴吧！」而且Rita又還沒申請英國家醫GP，糟糕了。我旁敲側擊問了醫師關於住院等等這些費用，他爽快的回答「全部費用都免費！」……

在加護病房外等待治療的時候，我跟Kimi坐在門外的椅子上靜靜的等。看著手錶上的時間，台灣似乎已經是就寢時間了，我們討論起是否該打電話告訴父母發生了什麼事。其實有點兩難，因為這種進急診室加護病房的緊急情況，怎麼能不聯絡家人報告，但父母聽了肯定心情會非常著急、也睡不著覺，且台灣遠在千里之外，又不可能馬上趕來英國。

焦心醫療費之餘，醫生說全部免費！

Kimi最後還是決定撥了這通電話，手機在耳邊傳來爸媽的聲音，壓抑著情緒告訴爸媽發生了什麼事，卻因為沒有人知道（包括醫生）Rita到底怎麼了，所以對於治療結果的不確定性非常高，實在令人擔心。講著講著，Kimi語帶哽咽的流起淚來，在一旁的我沒能做什麼，但就是在旁邊陪著她、安慰她。

等待的時間是漫長的，我們在加護病房的等候室不曉得坐了多久，昏暗的燈光、牆上播放著電視新聞、隔壁房間傳來嗶嗶嗶的醫療器材機器聲，似乎沒有任何安撫情緒的作用。約莫過了一個小時後，醫師敲了敲門，前來找我們談話。第一句話就是好消息：「Rita的身體情況穩定下來了。」一邊說，一邊帶著我們走進加護病房的無菌室，隔著一層厚厚的玻璃，我們看到Rita躺在裡面清醒的樣子，的確是比起剛到醫院的時候好多了。簡單的帶了口罩與無塵帽後，我們走進無菌室裡跟Rita打招呼，當病人會跟你開玩笑的時候，就知道她已經好多了。聽到好消息，當然也馬上致電Rita爸媽報平安。

醫師告訴我們，雖然情況好轉、身體指數已經穩定了，但依然找不出是什麼原因導致發燒與這一連串的症狀，所以他會安排住院兩天觀察情況，以免類似

我與Kimi、Rita姐妹一同搬到新住處

情況復發。一聽到住院，我第一個想法是：「感覺英國住院會很貴吧！」而且Rita又還沒申請英國家醫GP，糟糕了。我旁敲側擊問了醫師關於住院等等這些費用，他爽快的回答「全部費用都免費！」，原來當初來英國繳的那貴鬆鬆的健保費，就是在防範這些狀況的發生，一旦發生了，醫院也都能夠依照他們的「專業建議」執行治療，不用擔心病患有沒有錢支付這些費用。於是度過難關的Rita就這樣留在醫院開始她的英國住院初體驗，我跟姊姊Kimi則先回家了。

奇蹟式好轉，順利出院回家

隔天，我跟Kimi一起坐公車到醫院探望她，Rita的病房是一間大間的綜合式病房，大門一推開，一排排的病床相隔著一層藍色的布簾，布簾內就是病人的隱私空間，外頭走道還有值班櫃台，有固定的護理人員輪流確保一切都在秩序中。看到Rita的臉色與狀況已經像平常的樣子，我們心中的石頭也放下了。Rita也分享她覺得在英國住院最有趣的事情，她說到了吃飯、午茶時間，護士們便會拿一份點餐菜單給她，看她今天想吃什麼。看了一下菜單，其中如炸魚薯條、

1.樓下路人惡作劇丟進我們家陽台的紙條
2.家門口都有社區的週末市集
3.一有空就在家享受週日早午餐

炸雞這種「看起來一點也不健康」的選項，竟然也出現在醫院的菜單上，實在很妙。

稍微詢問醫師 Rita 的情況，醫師說後來都沒有什麼症狀，一切數值也都正常，如果這樣的好情況再維持下去，明天就可以出院了。而一切情況就如醫師所說的，隔天醫院就批准 Rita 出院了，出院上的表單其中有一欄的標題寫著「准許出院的原因」，理由竟然寫著：「病人的身體狀況奇蹟式的好轉康復了，因此准許出院」，看得我們哭笑不得。所以結論是，Rita 生了一場大病，但是始終沒有人曉得到底是什麼病毒或細菌引起的，兩天過後就奇蹟式的復活了，劇終。好吧，既然是歡喜收場，好像也沒有必要計較這麼多了。

患難之後，建立更深情誼

這次的故事告訴我，人真的是脆弱的，在不知情的情況下被擊倒也不是不可能，唯一能做的就是事前準備，準備藥物、準備緊急聯絡電話、登記家醫等等。但人也是堅強的，透過彼此的陪伴、幫忙與鼓勵，很多關卡都還是能順利度過。這次也有好多個剛好，剛好我也在家可以一起想辦法處理狀況，剛好我爸在醫

1

2

院工作所以可以直接問他醫療相關問題，剛好室友們都說著一樣的語言可以沒有障礙的表達症狀與感受。這一次的經驗，是三年來頭一次，也是最後一次與英國醫療系統的接觸。雖然沒事就是好事，但是如果有個萬一，我想我是準備好的。

在倫敦這個家中，室友姊妹們常常開玩笑叫我「湯爸」，因為我會主動處理水電費繳交、門窗有沒有鎖緊，打理家中網路不通……等等的瑣事，我出遠門的時候，還會叮嚀他們要小心香氛、蠟燭起火燃燒……等等，就像個家長。不過大家都不斷彼此配合，不用訂定規則輪流打掃，彼此也會主動清潔與倒垃圾，大家扮演好自己的角色，一起努力為這個家付出。

人的交情是在一起經歷過各種不同的事情後，才逐漸建立起來的，加分與扣分後，慢慢建立起彼此的默契。我們三個人在一起住了半年後，房子的合約在八月底即將到期，East Village 的房仲人員也來詢問我們是否還要繼續簽約。已經建立默契的我與姐妹倆，便決定從原本的兩房一廳租屋，搬到同一個社區的三房一廳住宅，一間原本是倫敦奧運法國隊選手村的 Maya Apartment 大樓，再簽約一年。

湯米的週三咖啡館

每個人都能擁有自己的倫敦咖啡地圖

1

當英國人買一杯拿鐵時，心態就好比台灣人在台灣買一杯五十嵐手搖飲料的珍奶，買完就可以帶去上班了……

在蘋果快樂的工作日子裡，我也沒有忘記探索倫敦這座大城市。以前就很喜歡咖啡的我，在自己閒暇的時間就會從我自己收集的名單裡，找一家沒去過的咖啡廳，帶著我的筆記型電腦，點一杯咖啡在咖啡廳內將自己的部落格與粉絲團更新一下。

倫敦人愛買咖啡，好比台灣人買手搖茶

倫敦到處都是咖啡廳，密集度大概跟台灣的手搖飲料店一樣，走十分鐘路就可以看到一家。英式酒吧更誇張，大概跟台灣的便利商店一樣，每個街口都有。咖啡廳一多，地雷咖啡廳就會開始出現，為了防範自己踩雷，事先做功課就是必要的工作。倫敦咖啡地圖的收集，我通常是藉由固定幾位英國部落客的 Instagram 貼文，認識咖啡廳的名字，再藉由咖啡廳的名字，查閱客人們在這間咖啡廳內拍了些什麼照

1.我最常寫作的咖啡廳 Attendant
2.好友Sandy是我探索咖啡的好夥伴

片，並且憑藉自己的經驗、觀看別人的照片，就能分辨這家店是不是我會喜歡的地方。如果是，就將它放在我的待辦事項名單，甚至將它加入我的Google地圖標記，待有空時去發掘，我的倫敦美食地圖也是透過一樣的方式記錄整理的。

雖然英國以喝茶文化聞名，但在倫敦我覺得咖啡與茶葉大概已經勢鈞力敵了。倫敦市中心一間獨立咖啡廳的拿鐵咖啡一杯價格約二點八到三點一英鎊，約為一百二十元台幣（英國星巴克的咖啡一杯中杯拿鐵三點五英鎊）。如果以台灣來比較，台北一杯獨立咖啡廳的拿鐵約莫在一百五十元台幣。這代表什麼意思呢？

平均收入所得比台灣高兩至三倍的英國，一杯咖啡的價值竟然比一杯台北的咖啡還要便宜。在台灣喝一杯獨立咖啡廳的拿鐵，相對算是奢侈品。既然是奢侈品，當然要有奢侈品的附加價值：店內漂亮裝潢、咖啡漂亮拉花、可以在店內坐一整天、要有免費網路、外帶的價格會比較便宜……等等。回到英國，意思是說，當英國人買一杯拿鐵時，心態就好比台灣人在台灣買一杯五十嵐手搖飲料的珍奶，買完就可以帶去上班了。

因此倫敦咖啡廳結帳的客人，多數都是付完三英鎊就把外帶咖啡拎走了，價格上沒有內用或外帶的區別。我感謝那些每天來來去去，買完咖啡就走人，也不會計較沒內用、沒使用設施，為什麼還要付完整價格的上班族。讓我這種偶爾泡在咖啡廳一整個下午充電的「咖啡廳宅男」可以付一樣的價錢在店內享受咖啡。（當然很多時候我也是上班外帶族）

1

以人工方式，蒐集倫敦「咖啡大數據」

帶筆電到咖啡廳，是為了督促自己每週都有新的文章產出，想不到該寫什麼的時候，我便開始從自己感興趣的倫敦活動開始搜尋，不管是從社群網站或是報章雜誌，任何特別的活動在倫敦出現時，只要有時間我就會去參加。倫敦這樣一個大城市，每一天的每個角落都有新事情發生，因為很難全部都參與到，所以喜好變成我的優先考量。每年四月份在東倫敦舉辦的「倫敦咖啡節」（London Coffee Festival）就是這三年來我不曾錯過的活動，除了品嘗來自各地的咖啡之外，也認識了更多倫敦有水準的咖啡廳與咖啡豆烘豆廠商。

我就這樣一點一滴的以人工的方式收集起倫敦的「咖啡大數據」，也漸漸建立起自己的倫敦咖啡地圖。從社群軟體看到我常常泡在咖啡廳的朋友們，就會開始請我推薦倫敦咖啡廳給他們，或者他們今天要去倫敦哪一個地區，該地區附近有沒有咖啡廳值得一去。對台灣人來說，咖啡廳已經成為跟朋友聚會、客戶碰面、休閒生活的最佳第三場所了，倫敦的好咖啡也更是讓人躍躍欲試。因此我靈機一動，決定將過在倫敦咖啡廳的所見所聞分享給台灣讀者們，也分享給在倫敦的台灣人，讓他們有機會自己去咖啡廳瞧一瞧，於是「湯米的週三咖啡館」特別專題就這樣誕生了！

顧名思義，「湯米的週三咖啡館」固定在每週三推出，介紹一家我的咖啡廳口袋名單。之所以叫做湯米，是因為在蘋果天才吧工作，部門裡就已經有五個湯姆了，同事有一天就順口叫我湯米（Tommy），覺得比較不會搞混，聽了幾次後我也習慣了，湯米好像聽起來更年輕、有活力，湯米也變成我在倫敦除了湯瑪士、湯姆、湯湯（室友叫我的綽號）之外的另一個綽號了。因為自己是個常常泡在咖啡廳的過來人，所以我也了解在倫敦唸書的留學生們對咖啡廳寫報告的需求，所以我在「湯米的週三咖啡館」裡介紹的咖啡廳，除了介紹地點、裝潢與好喝咖啡之外，也會特別標註學生最常問的「有沒有插座能充電？」、「有沒有無線網路？」、「網路速度如何？」、「有沒有午餐可以吃？」……等等問題。

倫敦的咖啡從此開始跟我密不可分，我也常常跟久久不見的朋友說：「給我一杯咖啡的時間」，讓彼此忙碌的生活有一個交集得以敘敘舊。我發現，當咖啡廳逐漸變成生活的一部分時，咖啡廳的人（店員）也會變成生活的一部分，所以除了偶爾探索新的咖啡廳之外，我發現我自己在倫敦常去的咖啡廳永遠都是那幾家。

1.東倫敦知名的咖啡店，AllPress
2.利用一杯咖啡的時間，聯絡感情

倫敦式的飲食文化

回到台灣之後，仍然想念

在餐廳一坐下來，服務人員遞菜單時，劈頭就會問「你要喝些什麼？」大夥喝酒聊天聊個十分鐘後，服務生才會再次出現上前詢問是否要點餐……

大家可能會好奇，英國不是傳說中的美食沙漠嗎？怎麼會想念食物呢？確實，傳統英式料理方式多半是燉煮或火烤，沒有太多變化，甚至還有一點無聊，連知名的炸魚薯條，也只是將魚裹上麵糊油炸的方便食物。

是民族的熔爐，也是異國美食的天堂

傳統英國食物無聊歸無聊，但倫敦卻很不一樣。身為全球大都市，倫敦市是一個民族大熔爐，我甚至覺得比美國還要豐富，這點從搭乘倫敦地鐵即可看出端倪。因為美國簽證不容易取得，都市裡絕大部分的居民還是美國人。但倫敦卻不一樣，受惠於歐盟，歐洲各國的人民都可以在倫敦自由居住或工作。而英國也曾經殖民過許多國家，所以許多印度人、香港人……等等，也因為過去祖先遷居倫敦，在此繁衍後

1

1.倫敦各地都有不同民族聚集的社區
2.只要是假日限定的市集，總是萬頭鑽動

代，在街頭變得常見。

對於大部分歐洲人來說，倫敦的經濟與環境都更優於自己的家鄉，因此倫敦也成了一個圓夢之處。我的義大利同事住在南義大利的西西里島，與其往義大利的首都羅馬找工作，他選擇直接「跳級」來倫敦，而英文更是大家從小學起的國際語言，語言門檻也因此降低了不少。

這樣的一個民族大熔爐，造就了倫敦各種不同的生活圈，有中國城、韓國城、土耳其城、印巴城……等等不同的「異國社區」，因為市場需求，異國料理餐廳自然也很多，而且還相當道地。又因為倫敦是全球的一大經濟體，自然而然成為各路廚師好手的兵家必爭之地，米其林星等的餐廳在倫敦市就有七十家。

因此身為倫敦市民的我倍感幸福，今天在Padella吃義大利廚師煮的海鮮細扁麵；明天在Punjab吃北印度廚師煮的咖哩飯；後天在Kanada-Ya吃日本人煮的拉麵；大後天在文興酒家吃港式燒鴨……這些常聽到的異國料理還只是冰山一角而已，比較特別的像是斯里蘭卡料理、阿富汗料理、秘魯料理……等等在倫敦都找得到。

2

1

問「吃什麼」之前，先問「喝什麼」

雖然這些料理來自不同的國家，但是還是改變不了倫敦在地的飲食文化。桌邊服務盛行的歐洲，在餐廳一坐下來，服務人員遞菜單時，劈頭就會問：「你要喝些什麼？」大部分的歐洲人都會點酒（葡萄酒），連在日本拉麵店也不例外，我覺得相當有趣。服務人員迅速送上飲料後便會消失，等大夥喝酒聊天約十分鐘後，服務生才會再次出現，上前詢問是否要點餐。

吃飽要結帳時，要主動向服務人員索取帳單，並在座位上看著服務人員用信用卡機或現金結帳。在信用卡消費非常普遍的倫敦，一桌六個人拆帳，每人付十英鎊的情況常有，服務生會一張一張的打單。這跟台灣多半拿帳單到櫃檯結帳是完全不一樣的景象，我回台灣後，偶爾會一時忘記切換模式。

不過主動請服務生拿帳單結帳也有缺點，當你跟服務生要求帳單時，服務生有時候會忘記，即使他沒有忘記，很快的就遞帳單給你，卻可能又要等到服務生再次拿刷卡機出現，如果對方忙到忘記要前來結帳的話，就會出現一手拿帳單、一手拿信用卡乾等的情

1.只要天氣不差，大家都習慣站在酒吧門口喝酒
2.在市集中，可以吃到來自不同國家的美食

況。平常時間充裕時還沒關係，但如果趕時間的話，真的會急死人，所以我在英國的機場或趕時間時，當主餐一送上後，我就會跟送餐的服務生要帳單了。

從客人使用英式英文的「Can I have the bill, please ?」或美式英文的「Can I have the check, please ?」就可以看出英式跟美式很多單字用語的差別，我個人主張入境隨俗使用當地用語。有時候除了開口，還有更方便的方法，先示意遠處的服務生，等服務生看到自己後，我便會在空中做出一個揮筆簽字的手勢，服務生就知道我需要帳單，也省去他走過來的時間，讓他直接去櫃檯打帳單。

市集料理分量不大，美味又便宜

當然，也不是所有的用餐細節都這麼繁瑣。除了上館子吃飯之外，我也很喜歡倫敦「日間的夜市」，也就是市集。倫敦市每天都有大大小小的市集擺攤，賣食物、二手物品、古董、創意手作的……樣樣都有。從觀光客喜愛的波羅市集（Borough Market）、波多貝羅市集（Portobello Market）到在地人喜歡的百老匯市集（Broadway Market）、哥倫比亞街花

1

市（Columbia Road Flower Market），其中週末限定的市集，更是人潮滿滿。

跟餐廳的精緻美食恰恰相反，市集擺攤的各式料理走簡單方便的路線，份量不大、價格相對便宜、方便外帶邊走邊吃，是與餐廳截然不同的飲食享受。但倫敦異國料理的多元化不變，各國特色料理在市集絕對找得到，從西班牙海鮮燉飯、墨西哥捲餅到南非烤物、泰式沙拉、英國生蠔，要一次嘗完所有的口味根本不可能。

英式啤酒站著喝，店內沒人店外站滿

除了吃以外，喝也是倫敦的一大樂趣，所謂的喝，當然是指喝酒囉！我認為倫敦的正常晚餐時間，根本就是八點鐘！因為在那之前，大家都在英式啤酒吧、葡萄酒館內暢快飲酒，先喝個盡興，再填飽肚子，是他們的一貫作風。在一旁陪酒的我都為他們不用先吃東西「墊肚子」的強健肝膽感到憂慮，不過這樣，也讓我可以在六點時，趁他們喝酒時先去餐廳吃飯，不用排隊。

英式啤酒吧更是讓人覺得神奇，多得像台灣便利

1.市集裡的非洲風味料理
2.米其林星級植物系料理
2.澳洲料理 Granger & Co.

商店處處可見，每到夕陽西下的下班時間時，啤酒吧門口、牆邊就站滿手拿啤酒杯的客人在外聊天。在店外看起來門庭若市，但走進吧台點啤酒時，卻發現店裡小貓兩三隻。只要不是戶外天候不佳，英式啤酒吧往往是裡面人少、外面人多的情景，原本我對於喜歡一邊站著、一手拿啤酒的英國啤酒文化也無法理解，但是也漸漸學起來，直到現在站著喝啤酒的習慣，我還是改不過來。

倫敦哪裡不一樣？

相較於「熱情奔放」的台灣，強調「紳士風度」的英國首都，在飲食上有些許不同。

- 異國美食天堂，米其林星級餐廳超過七十間。
- 餐前務必先飲酒，先喝再吃。
- 主動索取帳單，桌邊結帳不須起身。
- 英式啤酒站著喝，夕陽來臨，酒吧客滿。

離開之後會想念的：倫敦地鐵

老舊擁擠卻充滿風情

1

喝醉酒的英國男子們在車廂裡高歌足球隊曲、喝醉的年輕人像猴子一樣把車廂欄杆當單槓吊掛、街頭藝人團體在行駛的車廂裡快閃演湊鄉村舞曲一邊收取小費……

離開倫敦之後，有很多東西會想念，地鐵無疑是其中一個。二〇一三年來到倫敦時，第一次搭地鐵是從倫敦希斯洛機場搭著藍線皮卡地里線（Piccadilly Line）坐一小時的地鐵前往倫敦市中心，坐上地鐵車廂時天色已暗，將近晚上九點鐘。

誤點罷工都是常態，老舊擁擠皆是歷史

還記得舊舊小小的車廂裡，天花板的日光燈有點壞掉了，在列車行駛時偶爾會一閃一閃的，甚至有時候全車廂的燈還會跳電一、兩秒鐘再復電。搭配著列車與軌道尖銳的摩擦聲，彷彿在恐怖電影裡要發生災難的感覺，跟台北捷運的乾淨、明亮、空間感相差十萬八千里，我心裡想著：「我到底是來到哪裡了……」。雖然從後來的經驗發現日光燈閃爍是非常

1.繁忙的利物浦街地鐵與火車站
2.熙來攘往的地鐵站，是許多倫敦人上下班的必經之地

2

罕見的情況，但這就是我對倫敦地鐵的第一印象。

在倫敦這樣密集的大城市裡居住，大眾交通工具是大家的好朋友。為了減少市區的車流量與交通堵塞，倫敦政府制定交通擁擠稅（Congestion Charge）向平日進城的汽機車收費，導致大部分的倫敦居民都選擇搭火車、地鐵等大眾交通工具前往工作地點。甚至搭地鐵時，也常會看到公立小學的校外教學，會由老師帶著一大批學童們搭地鐵前往目的地。不管來自世界何方的人，一同擠在小小的地鐵車廂裡，這樣的地鐵搭乘經驗，成了大家在倫敦的共同回憶。

不過有時候，倫敦地鐵並不是好朋友，也絕對不是個守時的人。除了地鐵車廂偶爾會故障或行駛途中暫停調整車距外之外，每個週末都會有不同地鐵路線封鎖、維修保養或是地鐵站關閉施工等等，影響大家的交通路線。更可怕的是，當地鐵公會決定罷工時，成千上萬的通勤者都會因此受影響，大家卻只能摸摸鼻子另尋其他交通方式解決。雖然倫敦地鐵的車廂又擠又小、沒有空調、在市中心也完全收到不到手機網路訊號，但每每想到倫敦地鐵擁有超過一百五十年的

1

歷史，是全世界第一個地下鐵道系統，而我所乘坐的老舊車廂與軌道，同樣載著一個城市的歲月與歷史時，心中的敬佩感就打消了我抱怨的念頭。

有效疏通人潮，標示設計直覺

對地鐵本身的設計感到佩服之外，我也對地鐵站的設計印象深刻。除了熟悉的「Mind the Gap」月台間隙標語之外，搭過倫敦地鐵的人不難發現，倫敦地鐵站的入口跟出口是使用不同的通道，下車後要離開地鐵站時，我總是循著月台上「Way Out」的指示方向走，便能走到出口閘門。確實，在尖峰時段人潮眾多的狹小地鐵通道內，最有效率的疏散方式，就是讓大家移動方向一致，避免出入的乘客互相擋著彼此的去路。

地鐵方向的搭乘也非常直覺化，進了地鐵站後，我只需思考我要往北或南移動、往東或西移動，循著東向、西向（East Bound, West Bound）、南向、北向（South Bound, North Bound）的指標，即可抵達我要去的月台。例如我想從大英博物館 Russell Square 地鐵站去白金漢宮，我只需要想白金漢宮在

1.有百年歷史的等車月台

2.昨夜喝醉的乘客，大概真的很醉才會親吻玻璃吧！

2

我的西邊，所以我要去「西向月台」，完全不用去看列車的終點站是什麼。（台北捷運的搭乘就必須看要往哪個終點站，問題是從台北車站要去士林的觀光客，根本不知道淡水或象山哪個是南邊北邊，還需要一站一站對照才知道哪邊是對的月台）

庶民文化精華所在，無處不見倫敦驚喜

每天出門走跳的我，地鐵跟公車自然而然就成了我的主要移動工具，因為使用的是交通月票，我可以毫不猶豫的更改行程，增加其他目的地，也可以搭乘任何倫敦雙層巴士，都不會有額外的資費，所以去越多地方越划算。因為常坐倫敦地鐵，因此遇過的地鐵故事也不少，在二〇一六年二十四小時營業的午夜地鐵通車後，地鐵上的趣事也更多了。

喝醉酒的英國男子們在車廂裡高歌足球隊曲、喝醉的年輕人像猴子一樣把車廂欄杆當單槓吊掛、街頭藝人團體在行駛的車廂裡快閃演湊鄉村舞曲一邊收取小費，這些都是平常在地鐵裡有可能看到的景象。

平常的地鐵算是安靜的，大家都看著自己的報紙、書本、手機……等等，但偶爾會有插曲。

有一天晚上搭乘地鐵回家時，車廂非常少人，兩排面對面的車廂座位上只有我跟右側一位金髮男生搭車，到了其中一站時，四位青年男女有說有笑上了車，有三位坐在我對面，另外一位男生坐我的旁邊。

我旁邊的男生跟他對面的朋友們聊起天說：「這樣的坐法好像是你們三個要面試我一樣。」

對面三位笑了笑便說：「好，來！面試第一題。」

「如果你一定要殺死你爸爸或你媽媽，請問你會選擇哪一位？」

旁邊的男生錯愕地回答：「哪有人問這樣的題目啦！呃……那我大概選我爸吧！」

「請問理由是？」對面的人還沒等到他朋友開口，就指著車廂旁邊那位不認識的金髮男

「嘿，那你會選哪位？」

「……」金髮男一句話都沒說，當作沒聽到。

他朋友譏笑他：「哈哈，人家不想理你。」

「嘿，那你呢？」對面的陌生人就指著我，叫我回答。

我微笑地想了一下，回他說：「嗯……如果兇器是一把刀子的話，我應該會先殺死自己吧！」

對面的那幾個陌生人笑了起來，拍起手說：「恭喜你，你錄取了！」

接著對他朋友說：「竟然殺你爸，好殘忍喔！」

這時地鐵停在利物浦街站，金髮男生下車了。這群年輕人竊竊私語笑說金髮男被嚇跑了、誰會這麼晚在利物浦街這個金融區下車等等。我下車時，這些人都還沒下車，於是我道了晚安，便走出車廂了。

在倫敦，這樣子沒有緣由、沒有目的性的開起話題聊天，是常常發生的生活插曲，聊完後，兩人說再見便分道揚鑣，各自回到自己原本的生活圈裡，也是常見的結果。也因此我更勇於跟陌生人聊天、分享看法，對方也不會覺得我是怪咖、推銷或是想把妹，這樣有趣的交流，成了一種生活趣味。

離開之後會想念的：足球

全民瘋足球，贏了歡呼輸了痛責

大家盯著電視螢幕欣賞球賽時，坐在前排的觀眾有一個不成文規定，那就是坐下來之後會向後看，詢問是否會擋到後面觀看的觀眾……

男生喜歡聊運動，大概就跟女生喜歡聊化妝品一樣，是最容易產生共鳴的話題。而英國的主要運動話題絕非足球莫屬。雖然台灣不是一個足球風氣盛行的國家，但觀看二〇一〇年南非世足賽後，我開始關注足球這項運動，也因為跟台灣時差的配合，每個週末的晚餐後，台灣電視的體育台就會現場轉英國的足球聯賽，因此英超（Premier League 英國超級聯賽）成了我主要追隨的足球賽事。

街頭巷尾皆足球，擁戴球隊各不同

來到倫敦後，能夠生活在處處足球的氛圍裡，對我來說根本就是夢境。每天 BBC（英國廣播電視）都有電台節目報導足球賽事與評論，各大報紙背後的版面都是足球版，可見足球在當地是多麼吸引人的話題。每到比賽時間，街頭巷尾的英式啤酒吧就會在電視牆上播著賽事，吸引球迷拿著酒杯共襄盛舉，更是讓我固定到酒吧報到的主要原因。美中不足的是，在倫敦的台灣人裡，喜歡足球的已屬少數了，在女多男少的情況，要找到會聊足球的男生並不容易，況且很多認識的男生都是同志朋友，他們對運動較無興趣，所以大多數時候我都只能自己孤單的去酒吧觀賽。幸好在求學的時候有認識 Caspar 與 Ling，因為都喜歡足球，我們就變成相約上酒吧看比賽的球友。

足球，應該是最容易看到一個人對電視機自言自語的電視節目了，這是我在足球酒吧最常看到的景象，不管是叫囂、歡呼、加油或責備，總是有各種情緒夾雜在一場比賽中。注重禮儀的英國文化在酒吧也看得到，大家盯著電視螢幕欣賞球賽時，坐在前排的觀眾有一個不成文規定，那就是坐下來之後會向後看，詢問是否會擋到後面觀看的觀眾。

1.近距離欣賞足球傳奇球星，感覺真棒

2.與好友一起玩足球電玩、欣賞轉播

住哪我就支持哪，球場就是我的家

足球運動之所會受到當地人喜愛的主要原因，除了是富含歷史的傳統國球之外，跟所有的熱門運動一樣，它擁有地域性。全英國的職業足球隊有九十二支，光是倫敦的足球隊裡，在「大聯盟」英超聯盟的球隊就有五支，居住在特定地域的居民，從小到大就支持屬於自己社區、城市的球隊，並把球隊主場當自己的「家」。

我因為曾經居住在倫敦西南邊的切爾西，因此切爾西（Chelsea）也成為自己心目中的在地隊伍。居住在倫敦北邊的人可能就會支持兵工廠隊（Arsenal）或熱刺隊（Hotspurs），居住在東邊的人可能就會支持西漢姆聯隊（West Ham）。利物浦人支持利物浦，曼徹斯特支持曼徹斯特……這樣的模式天經地義。也因為這樣的地緣關係，看比賽就不只是純欣賞，而是很投入的替「自家人」加油。

看著路上的爸爸，除了自己穿著球隊的球衣外，牽著手的五歲小女兒也是從頭到腳都穿著全套的球隊制服，就知道這對他們來說是一項家庭活動。

買票也要看階級，足球流氓要當心

台灣在這方面比較可惜的就是沒有運動的地域性差別，無論是台灣國球的中華職棒，或台灣人喜歡的籃球SBL，都沒有分台北隊、台中隊、高雄隊，更沒有地主球隊的主場優勢或客場劣勢，少了這些，比賽的熱情就相對少了一些。反觀當中華隊出國跟其他國際隊伍比賽時，全部的台灣人都守在電視機前為中華隊加油的景象，這是最明顯的差別了。

也因為英國對於足球這項運動的成功經營，知名球隊比賽的門票，五萬個球場座位一位難求之外，想要購買球票還必須付費加入球隊會員，會員還分不同的價格等級，較高等級的會員擁有優先購票權、也能挑選視野較優較靠近球場的座位，較低等級的會員則需等待較晚的時間才能購票，也只能買較遠較便宜的座位。沒有會員的人不能買票，不然就只能買黃牛票了（違法行為）。連足球運動都可以分階級制度，果然很英式作風。

對於英國有足球流氓（Football Hooligans）的流言，也是真的。曾經在酒吧遇到一位倫敦兵工廠的

VAUXHALL
The England Team Sponsor
Show your Support @VauxhallEngland - #SupportEngland
GERRARD
4
028
1

2

球迷，那天他們贏了英國足總盃（FA Cup）的冠軍，看起來像是個中年大叔，有點微醺地找我們聊天。他說，以前要是跟同是北倫敦的熱刺隊比賽時，在酒吧遇到敵對的球迷一定是惡言相向，大多數的時候也是以打架收場。他也笑了笑說，不過他現在老了，已經看淡這些年輕時的血氣方剛。

不只愛足球，也愛足球電玩

Caspar、Ling 與我會一起去英國酒吧看足球之外，也會去 Ling 家裡打 PS4 的足球電玩遊戲《FIFA》，我們其他電玩遊戲都不玩，只玩足球。電玩中的運動遊戲，跟運動比賽本身是相輔相成的，球隊中每一個球員都有不同的強項與素質，在遊戲中就會用分數的方式替球員評分。實際在看電視轉播的時候，就更清楚每個球員的名字、強項、敵對的哪一位要提防……等等。

二〇一六年歐洲盃在法國推出的限量巧克力

而男生們玩起電動總是一發不可收拾，我們常常玩到半夜一、兩點才回家，我跟 Caspar 在走回家的路上，偶爾還會看到居住在公園附近的狐狸半夜出來溜搭。還記得某一天晚上正是英國夏令時間調整的日子，時鐘到凌晨兩點時要往回轉成凌晨一點，忘記是夏令調整的我們，玩遊戲玩到兩點時，發現手機顯示一點鐘，才赫然發現「多賺」了一個小時，於是我們又再玩了一個小時才回家。

在倫敦的這三年，我很幸運的參與到英國國家隊在二〇一四年世足賽和二〇一六年歐洲盃的國際比賽，各家英式酒吧高掛國旗、買新電視、買投影機，就是為了此刻。卻也不幸的看到英國隊令人失望的表現，先是自一九五八年來，第一次在世足盃的小組賽中就被淘汰，又在歐洲盃被足球小國冰島打敗。從這兩次淒慘的國際賽表現中，看到英國人把自己的國家隊罵得體無完膚、教練請辭下台……等等的新聞報導，就可以知道英國人對足球真的是愛之深責之切啊！

離開之後會想念的：那些漫遊歐洲各大城的日子

米蘭、哥本哈根、阿姆斯特丹，說走就走

比起四天跑三個城市，我會選擇四天都待在同一個城市，感受當地的城市生活，對於喜歡的城市，我還會一再造訪……

對來到歐洲留學或工作的台灣人而言，能夠利用地利之便在歐洲各地旅遊，絕對是決定此趟行程的一大賣點。

廉航物美價廉，到米蘭彷彿到高雄

確實，平常在台灣要花上七、八萬元台幣，跟公司請假七、八天才有辦法成行的歐洲之旅，因為住在倫敦的關係，總費用可以直接砍三分之二。歐洲的廉價航空很盛行，知名的歐洲城市每天都有好幾班飛機來回，在票價競爭下，旅客成為最大受益者。旅遊淡季的平日機票，從倫敦到義大利米蘭的單程機票英鎊三十鎊（約台幣一千五百元）即可購得，利用兩個小時的飛行時間，場景就可以從陰時多雲、短暫陣雨的英國轉換到陽光普照、熱情洋溢的義大利了。當你試想，相同的金錢、相同的時間，這樣的旅程相當於從

一個人到哥本哈根旅行

台北坐高鐵到高雄時，馬上可以感受到歐洲廉價航空的誘人優勢。

因為在零售業工作的關係，我也獲得一個額外的福利，那就是可以自由排班，避開週末與假日的人潮，選在平日安排連休去其他國家旅行，不管是機票或住宿的價差都非常可觀。身為打工度假族，精打細算的選擇最佳時機購票、換算外幣匯率，並結合 Hotels.com、Booking.com、Agoda 等旅遊網站的折扣代碼訂飯店，往往可以替自己省下 5% 以上的旅費。

比起風景名勝，更愛城市漫遊

旅行的風格千百種，每個人對「旅行的意義」也不盡相同，有的人想要度假放鬆心情，躺在沙灘上聽著海浪聲發呆，有的人把行程排得滿滿的，想要去遍古堡城牆、教堂神殿，深怕以後再也沒有機會。我自己，則喜歡待在一座城市裡，不是因為不喜歡大自然，只是我更喜歡欣賞不同城市的人、與他們的生活。城市可以改變一個人，可以啟發很多想法。然而促使人改變的，並不是城市本身，而是城市裡的人。

比起四天跑三個城市，我會選擇四天都待在同一

1.迷人的克羅埃西亞，杜布羅夫尼克古城

2.我最愛的阿姆斯特丹市區街景

3.哥本哈根經典的「新港區」，你一定要來

2

3

1

個城市，感受當地的城市生活，對於喜歡的城市，我還會一再造訪。倫敦的這三年內，我就去了義大利三次、阿姆斯特丹兩次，巴黎、維也納、巴賽隆納、哥本哈根與克羅埃西亞則各去了一次。台灣人喜歡去的希臘、德國與冰島都沒去到，但我相信以後一定還有機會。

二〇一四年研究所畢業後，我跟研究所的好朋友們去了阿姆斯特丹三日遊，因為太喜歡阿姆斯特丹，隔了兩個月後的休假日，我自己又去了一趟阿姆斯特丹。阿姆斯特丹中央火車站隔壁的腳踏車出租店老闆在經過第一次的出租後，這一次竟然還記得我，說：「咦？你是現在阿姆斯特丹工作嗎？怎麼這麼頻繁來阿姆斯特丹。」我聽了都笑了。

對於旅遊，我個人的感想是：即便是陌生的環境，如果有機會，一定要嘗試看看一個人的旅行。在蘋果電腦正式上班前，我買了一張二十英鎊的機票飛往丹麥哥本哈根三天兩夜，訂了機票後才發現，當地的住宿一晚竟然比機票還要貴，果然是北歐啊。沒想太多，我帶了幾件衣服，提著Canon的單眼相機，背著背包便出發前往哥本哈根了。一個人的旅行，因為沒有人另一個人陪伴或講話，所有感官都會放在外

1

2

1.哥本哈根Grundtvigs Kirke管風琴教堂
2.無邊無際的海洋，讓人沈醉

界的事物上，看到那些平常不會注意的細節。我就這樣用眼睛欣賞著、用相機捕捉著丹麥人樂活的生活風格。自己的行程自己安排，想走想停不用顧慮他人，在丹麥的三天，我發揮我在倫敦很會「走」的能力，走遍了大街小巷，還徒步走到較偏遠的Superkilen創意城市公園與Grundtvigs Kirke管風琴教堂，沿路經過了丹麥小學的下課活動時間，看著學童們在如藝術般的遊樂設施上玩耍。一個人的旅行，除了跟城市對話、跟大自然對話之外，也是在跟自己對話。

為旅行安排亮點，成為未來的永恆記憶

但人是群體的生物，所以也不要忘了要計畫「不只是一個人的旅行」，除了分擔費用、在餐廳上廁所時有人幫忙顧包包之外，說到底，人與人之間的交情還是必須要一起經歷與度過不同的事件才建立起來的，跟愛人、朋友們一起旅遊也是測試彼此感情與相處模式的最佳場合。二〇一四年跟了研究所的好朋友們一起去巴賽隆納，整路歡笑、互相合作、各自有捨有得的一趟旅途，讓我們彼此的友誼更加堅韌，即使回到台灣後，還是很常相約聚會、到家裡作客、參加婚禮，每當提起過去一起度過的酸甜苦辣回憶時，我們在談笑中也更認同了彼此在自己心中的地位。

我常常主張：「你想要有什麼樣的回憶，就要自己去創造它。」二〇一六年的夏天，我跟女友一起前往義大利度假八天，去了羅馬、佛羅倫斯與南義的阿瑪菲海岸，那趟旅行的最高潮應該就是阿瑪菲海岸（Amalfi Coast）的波西塔諾（Positano）小鎮了。

五顏六色的彩色房子依著海岸邊的山巒層層建起，無論從海岸邊望向山巒，或是反向從山上向下看著眼前的海景，都是如夢似幻的景色。原本想要省預算的我們，因為我的堅持，在波西塔諾的山丘上選擇了一間高級飯店的海景套房，也幸運的被飯店安排在觀景絕佳的房間位置，早晨起床從陽台望出去，一望無際的海洋與船隻盡收眼底，美不勝收。波西塔諾這座義大利沿海小鎮也瞬間躍升彼此的排名第一，成了我們倆永遠無法遺忘的甜美回憶。我的旅行哲學是，寧願其他天的住宿費省一點，也要讓旅遊有一個值得花大錢的亮點，那個亮點也就會成為未來永恆的記憶點。也很謝謝自己有這麼善解人意的另一半，能夠共享這樣的旅行哲學，讓旅途一路都充滿樂趣與歡笑。

離開之後會想念的：教會

Hillsong Church，每週日都像在看表演

會場的燈光師或許平日是知名的夜店舞池燈光師，吉他手或許平日是樂團主唱，星期天假日免費或友情贊助教會，透過自己所擁有的才華，為教會盡一己之力……

我們家整個家族都是基督徒。但我必須誠實地說，我去英國之前，一直都不是一個虔誠的基督徒，可能是一直都找不到屬於自己的教會，另一方面，可能是一直以來星期天都會想睡飽無法早起，會賴床睡很晚，總之沒有什麼明確原因，但我星期天會去教會做禮拜一直都是偶爾才發生的事。

受朋友邀請，前往一探究竟

去了英國求學後，在國慶日的台灣學生會活動中，我認識了同校的台灣學妹 Esther，她當時就讀大學部。Esther 在聊天中，談到她每個星期日都會去倫敦市中心的 Hillsong Church 基督教教會做禮拜，是屬於英式的年輕人教會，她也非常喜歡。發現我「也

每場教會都像演唱會

是基督徒」後，便邀我抽空一起去見識看看。

過去從學校的歷史課中學到，十六世紀歐洲宗教改革時，大多數歐洲的國教都是天主教，而英國的國教卻是因改革分派出來，屬於基督教體系的「新教徒」。常常聽媽媽一直在越洋視訊中叮嚀我在英國要找間自己的教會，又加上剛好可以認識一下Esther這位新朋友，我決定去Hillsong一探究竟，看看到底倫敦的基督教教會，葫蘆裡是賣什麼藥。

當週的星期天早上十一點，從倫敦市中心Tottenham Court Road地鐵站出口走出來後，眼前是一座音樂劇院，仔細一看卻看到劇院門口的工作人員穿著Hillsong的工作服。心想：「什麼？這座劇院是教會？」一問之下才知道，原來音樂劇都是平日的表演場次，週日都不會有表演，所以Hillsong教會就每個週日租用這間Dominion Theatre音樂劇院當作聚會場所，這樣的做法我也真的是第一次聽到。

所有精彩，皆來自教友自身才華

跟以往大家對台灣基督教會的印象不太一樣，Hillsong源自澳洲雪梨，倫敦是它的第二大據點，在音樂劇院裡進行主日崇拜，紅色絨布的劇院椅、花板的美麗吊飾、一層一層的觀眾席，與五光十色的燈光照亮著舞台。每個周末就像看一場秀一般，真是前所未有的體驗。而參與這一切的主日「表演」，費用竟然是免費！這就是倫敦市的魅力，透過廣大的人才資源與信友會眾的善心募款，提供高水準的聚會體驗。

會場的燈光師或許平日是知名的夜店舞池燈光師，吉他手或許平日是樂團主唱，星期天假日免費或友情贊助教會，透過自己所擁有的才華，為教會盡一己之力。每個會友這樣的付出，成就了倫敦獨有的Hillsong大舞台，慕名而來的新會友也因此不斷增加，良性循環、相輔相成。教會會眾之多，每個星期天都有早、中、下午、晚上四個不同的場次可以參加，每個人可以選擇最能配合的場次，不會因其他私人活動而放棄週日的教會。

牧師講道，彷彿聽TED演講

從第一次跟隨Esther參加倫敦Hillsong的主日崇拜後，我幾乎每一個週日都會來這間「劇院教會」報到。對我而言，跟其他教會最大的差別是，

Hillsong 除了每一首崇拜歌曲都像流行歌曲一樣好聽且朗朗上口外，唱完歌後每一週的牧師講道內容都很像 TED 演講，利用聖經裡的內容，結合現代人每一天的生活所見與遭遇，鼓勵我們如何不被煩惱與困難擊敗，告訴我們該如何在生活中做對的選擇，如何將心靈寄託給神，場場激勵人心，像一個心靈的加油站，每個週日我都來到教會把信心值補滿，再大步向前面對新的一個禮拜。

那年冬天，研究所好友 Caspar 因為感情出了狀況，我邀請他一同到 Hillsong 尋求心靈的平靜，也把喜歡搖滾樂的 Ling 一同拉來。倫敦那如搖滾樂團演唱會的敬拜讚美，與世界知名牧師們爭相到訪的演講台，就成了我們每個週日的固定行程。Hillsong 的歌曲全部都是旗下樂團們自己作詞、作曲、製作出來的，歌曲好聽的程度，使得很多其他教會都會唱之外，還翻譯成其他語言出現在他國教會裡（難怪在台灣好像有聽過一樣的曲調）。

教友邀請，體驗英式聖誕節

每週日的固定聚會外，教會也成了我們認識新

為會友們生活中的困難一起祈禱

朋友的地方，教會結束後都會有聚餐活動，也是藉此認識彼此的機會。那年聖誕節，其中一位常見的會友 Jacob 邀我們大家去他家聖誕聚餐，一群人浩浩蕩蕩的坐上倫敦的電車，跑去他位於倫敦四區的英國傳統民宅——獨棟的愛德華式英國矮房。抵達 Jacob 家時，他媽已經為我們準備好一桌的聖誕佳餚，與其說是聖誕佳餚，比較像是派對食物，我們就坐在聖誕樹旁聊天與玩遊戲，就這樣第一次體驗了英國人過的聖誕派對。

雖然 Esther 後來還是決定去倫敦的華人教會尋找歸屬感，但「倫敦教會咖」在 Caspar 跟 Ling 之後也有新的成員加入，例如原本已是虔誠教徒的大學同學 Chris 跟 UCL 團的 Chloe，而倫敦後期認識的 Sandy 也是教會咖之一。對於宗教，我尊重來自不同宗教背景的人，畢竟大多數宗教都勸人為善。我也不會像傳教士一樣逢人就宣傳自己的宗教，不過我知道，人是脆弱的，很多人生中發生的事，並不是我們能力範圍內可以解決的，所以擁有一個心靈寄託的對象跟管道，是必須的，而信仰上帝是我的選擇。

離開之後會想念的：英式下午茶

專門收服不愛吃甜點的人

The Ritz下午茶

下午茶就像一齣舞台劇一樣，來用餐的「觀眾們」都穿著端莊、整齊的出席，在漂亮的「劇院」內，欣賞著燈光師打著燈，點亮場景主題……

說到英國食物，絕對不能錯過的當然就是經典的英式下午茶，而英式下午茶裡的司康與佐醬更是經典中的經典！當初來到英國前，對司康的印象是像台灣Smith & Hsu午茶店那樣的風格，已經對Smith & Hsu相當滿意的我，吃到英國的司康更是不得了，於是開啟了一連串的下午茶之旅。

還有名的，不如選好吃的

下午茶的甜點分很多類，有法式、英式、日式，各有各的特色，各有各的擁護者。一般男生對甜食都較有招架力，我也一樣Hold得住，但如果是英國的司康，我真的就屈服了。來到英國前，聽別人說過的英式下午茶只有金碧輝煌的麗茲酒店（The Ritz）高級下午茶，實際來到英國後，我的第一家英式三層下午茶卻是麗茲隔壁的The Wolseley，是當初民宿老闆推薦的高CP值之選。當時二十三英鎊即可享受的英國下午茶，價格上跟五十英鎊的麗茲酒店比，真的親民許多，我也很慶幸自己做了這樣的選擇。

「第一次來英國玩，想吃英式下午茶，到底應該直接攻頂吃高級的，還是吃CP值高的便宜款就好？」這是來倫敦玩的朋友們常常問我的問題，我個人是認為，如果沒吃過下午茶，即使吃了最高級的，可能也吃不出高級在哪裡，不是嗎？因為無從比較（如果你吃不出高級生魚片的味道，那跟你吃一般便宜生魚片不是一樣）。當然也要考量預算跟目的，究竟是想要拍照好看、享受服務、享受裝潢、搭配自己喜歡的主題、地點方便……等都是決定的因素。我則幸運的擁有三年的時間慢慢嘗試，找到自己最喜歡的口味。

因為在倫敦認識的女生多於男生，所以相約去吃下午茶的機會就多了非常多。算一算，我在倫敦吃英式三層下午茶的次數就將近二十次了，其中高級下午茶（五十英鎊以上）的次數大概也有十次。而鼎鼎大名的麗茲酒店，我非常後期才去嘗試，因為朋友們實際去麗茲後的評價都低於期望，我也遲遲不想要花那寶貴的五十英鎊。

彷彿觀看甜點師表演，每幕都是精采演出

我覺得下午茶就像一齣舞台劇一樣，來用餐的「觀眾們」都穿著端莊、整齊的出席，在漂亮的「劇院」內，欣賞著燈光師打著燈，點亮場景主題。一道一道的餐點，從暖場的數十種茶類、前奏的手指三明治、重頭戲的司康與凝脂奶油、到結尾的甜點，都是一幕幕精彩的演出，也取決於這些身為導演的甜點師如何在舞台上創意的揮灑自己的技藝，戲末還意猶未盡時，可以點一首安可曲，再次回味自己最喜歡的餐點表演。

在批評指教一家餐廳之前，你必須自己實際體驗過，才有資格評價它的優缺，這是我對熱門美食的看法。身為英式下午茶狂熱者，我一直到在二〇一六年才跟Kimi與Angie去麗茲酒店（The Ritz）吃英式下午茶。金碧輝煌的下午茶廳氣派十足，可惜食物、服務、整體感受都較相同價格的飯店略遜一籌，果然如其他朋友說的一樣，不如預期。不過每個人的味蕾、喜好都不盡相同，因此下午茶排行榜也會不一樣，也

只有真的吃過好幾家之後，才能分出高下。

我個人最喜歡的英式下午茶餐廳是西倫敦龐德街（Bond Street）附近的Claridge's，擁有輝煌歷史的傳統英式五星級飯店，Claridge's的英式下午茶同常要兩、三個月前就訂位，才有可能搶到名額。而自己心目中最好的，當然要和女友一同享受，雖然Pamela的上班班表很難捉摸，我也很難兩三個月前提前訂位。雖然知道班表時，下午茶訂位就已經全滿了，但每天努力的刷飯店的訂位網站後，終於有一天讓我搶到臨時取消的訂位，順利吃到了。

英國人雖然對英式料理的看法顯得隨便，但是對英式下午茶可就講究許多。對於每一種不同的茶葉、要多熱的水、煮茶葉多久，都有一定的規則，甚至連司康切半的切法、奶油先塗還是果醬先塗都有不同的支持派別。大多數的英國公司都有所謂的午茶時間（Tea Break），連零售業也不例外。上班的午茶時間當然就不像飯店的三層下午茶那樣悠閒愜意了，不過一杯正港（proper）的英式紅茶絕對是必須的。既然有下午茶的時間享受甜點，英國上班族的午餐當然是隨便一個冷三明治裹腹即可。

1.華美的裝潢與精緻的餐點是英式下午茶的最大特色
2.與女友一起共進五星級飯店The Connaught下午茶

倫敦小花絮

帶女友享受下午茶，撞見好萊塢巨星

這次的 Claridge's 是英國脱歐、英鎊大跌後，花一樣的錢吃的 Claridge's，我其實有點擔心下午茶品質下滑，不過還好是我多慮了，Claridge's 維持以往的水準，沒有讓我們失望。我們坐在下午茶的主大廳吃著司康，突然我注意到身旁一位高大的西裝男從隔壁的包廂走出來，站在我旁邊跟飯店經理講話。仔細一瞧，我瞪大眼，咦！？這不就是電影《金剛狼》的休傑克曼（ Hugh Michael Jackman ）嗎？我坐在一旁聽著金剛狼跟飯店經理寒暄，有一種他經常來這家飯店的感覺。我心想，原來金鋼狼也喜歡吃 Claridge's 的下午茶呀，這樣的相遇，更是加深了我對這家下午茶的肯定。三天後，我就在台灣的新聞媒體報導上看到親民的休傑克曼（ Hugh Michael Jackman ）跑去台灣宣傳他的新電影《羅根》了，一切的緣分實在很奇妙。

那些倫敦人教我的事

倫敦式生活哲學

無論是看著路人專程去超市買午餐，送給街頭的流浪漢吃。或是倫敦Soho區Maison Bordeaux蛋糕店的老闆娘，看我拿出手機，就主動說要幫我拍照……

美國一代文豪海明威曾在書中說過：「巴黎是一場流動的饗宴」，常被世人們用來提起巴黎的浪漫與美。不過，如果仔細閱讀書中的全文：「如果你夠幸運，在年輕時待過巴黎，那麼未來不論你身在何處，巴黎都會跟著你，因為巴黎是一場流動的饗宴。」就可以發現到句中的幾個重點：幸運、年輕時、巴黎。

倫敦文化，不如想像中冷漠

因為當時海明威所經歷的巴黎，正是一九二〇年代巴黎文藝界的黃金年代，是個眾星雲集、人文薈萃的地方。幸運，是因為不是人人能去。年輕時，是因為還在學習吸收，即將展翅高飛。

回到我們這個年代，海明威口中的「巴黎」，可以是很多不同的地方。對科技人才來說可能是矽谷，對演員來說可能是好萊塢，對戲劇演員來說可能是紐約百老匯或倫敦。對大多數年輕人來說，將上海、紐約、巴黎、東京等等世界級城市代入句子中皆成立。而對我來說，倫敦也絕對是其中之一。

而倫敦教我的是，機會「並不是」留給準備好的人，反而「機會是留給尋找機會的人」。在資訊快速流動的年代，沒有人能夠百分之百準備好。即使準備好，在競爭激烈的環境中，很難遇見慧眼識英雄的伯樂，也很難像姜太公讓願者上鉤。這時，化被動為主動才是致勝的關鍵，才是別人給你一個舞台的機會，才是向上爬的機會。

倫敦人真的千奇百怪，同一件事，遇到不同的人，可能會有不同的結果。當初要去巴克萊銀行開英國帳戶時，接待的服務員跟我說因為太多人申請開戶，我可能要登記排隊等兩週。但在同一天下午，我又去了同一間巴克萊詢問開戶的相關內容時，換班後的另一

Bordeaux老闆娘熱心幫我拍的照片

位服務人員竟然請我稍坐一會，然後當天就在理財專員的透明辦公室裡辦好了。

類似的事情在倫敦常常發生，就好比當初我回台灣行李超重，星空聯盟的櫃員也出於好心願意幫助我，讓我不用超重罰款上飛機。彷彿在僵硬的工作SOP（標準作業流程）規則裡，每個人都有自由發揮的空間，要幫不幫，隨心所欲。這些事情，也同時教導我不要放棄嘗試，不要放棄詢問，不要放棄找方法求助他人。久而久之你會發現，倫敦人其實沒有想像中的冷漠。

有人幫助我，我也幫助別人

在倫敦的那幾年，我發現如何讓陌生人給你正面回應的箇中道理，那就是「第一印象」。不得不承認，人類就是視覺的動物（根據經驗的視覺動物），你的行為舉止跟穿著打扮確實會影響陌生人對你的第一印象，電影《金牌特務》裡的那句「Manners Maketh Man.（禮儀，成就不凡的人）」，正是倫敦生活文化的最佳寫照。有了好的第一印象，才是更近一步發展的機會。很多時候，人們不會記得你實際說

了什麼，卻會記得你當下給他什麼「感覺」，而那個感覺，可以留下好久好久，這是為什麼將心比心是留下好印象的源頭。

還記得那天是一個天冷的秋天，我穿著大衣坐上倫敦地鐵，口袋裡放著一包袖珍包衛生紙以防自己冷到流鼻涕。地鐵坐了幾站後，上來一位手提後背包的中年壯漢，他穿著防水材質的外套，深色的工作褲上沾了一點一點白色的油漆，在我身旁坐下。當我腦中在猜想他應該是一位油漆工人的時候，他將單手伸進他的後背包，將一罐鐵鋁罐的可口可樂從背包夾縫中抽出，打開來暢飲（地鐵可飲食）。說時遲那時快，被搖晃過的可樂在開罐時噴的他滿手都是，當場讓他驚慌失措。

坐在一旁的我目睹了他的窘境，沒有任何遲疑，就伸手進口袋把那包袖珍包衛生紙遞給他，他彷彿遇到一位天使一般的眼神，用斯拉夫民族口音的英文跟我說了一聲謝謝，趕緊把自己的手跟地板擦乾淨。一切擦乾淨後，他喝了一口他手中的可樂發呆了大約三十秒，又伸手進後背包，抽出了另一罐可樂，遞給我說送我，我客氣的拒絕了他兩次，說我正要去喝酒（其實是因為我不喜歡汽水），他才默默將可樂收回。

這樣生活中的小插曲常常在倫敦發生，有時候是別人幫助我，有時候換我幫助別人，人間溫情處處在倫敦流動。無論是看著路人專程去超市買午餐，送給街頭的流浪漢吃，或是倫敦 Soho 區 Maison Bordeaux 蛋糕店的老闆娘，看我拿出手機，就主動說要幫我拍照，還發現取景太近，就咚咚咚的跑過馬路去對街幫我拍。或是工作上的同事，永遠都是下班一起喝酒的時候，才把自己上班的獨門秘笈說出來跟大家分享等等。

現在沒意義，未來別具意義

足球比賽中，有一個英文單字叫做「work rate（工作率）」，意思是一位球員在比賽場上的努力。因為足球場上除了守門員不移動之外，雙方共有二十位球員在場上，球卻只有一顆。有百分之八十的時間球都不會在自己腳下，很多時候你「空腳」大老遠從遠處跑向前進攻，隊友沒有傳球給你射門不打緊還掉球，你感覺自己很像做白工一樣白跑一趟，這就是 work rate。雖然比賽結束後，你沒有任何助攻、進球、防守表現數據，帳面上好像不需要你。但是你的存在，或許在某一次牽制了對方的防守讓隊友突破、或許在某一次的隊友傳球成功下讓你進球了，這些你所創造的機會，將會在一次次的嘗試中，得到收穫。

而 work rate 這詞之所以存在，那是因為有球迷、球評在看，所以知道誰有下苦功。工作職場上，自己努力之餘，也記得要被看見。就好像做了貼心的事情，要被某人知道了才會被人說貼心。去海邊撿垃圾，也要有人知道，才會被說愛護環境，但這麼做，不是為了要得到什麼好處，計較得失的人終將失望、甚至走火入魔，反而發自內心的想要做，才是真誠，而真誠與否，人們是看得見的。

雖然並不是每一件事都必須有意義，但有時候，沒意義的事情在之後看來，其實都別具意義。

後記

選擇自己的模樣

到更開闊的城市，迎接更開闊的自己

人類很奇妙，會為自己的選擇或決定創造漂亮的故事來講給別人聽，久而久之，自己也不知不覺的越來越相信自己所講的故事……

「懷抱著留下來的夢想，獲得簽證旅居在外。但最終事與願違，跟大多數異鄉人一樣，時間到了也是該回家了。」我想這應該是很多人簽證到期時的心聲吧！倫敦雖然有很多不便之處，但倫敦的生活，卻是這麼容易讓人眷戀。

大部分的台灣人來到倫敦彷彿重獲自由，握有選擇權，選擇交友、選擇飲食、選擇工作、選擇你想要過的生活。沒有長輩的熱心關切「交女朋友了沒？」、「什麼時候結婚？」、「有買房買車嗎？」，沒有他人的異樣眼光「在手臂上刺青，是幫派嗎？」、「染霓虹色的頭髮，愛作怪」、「平日在外就穿露肩洋裝，太暴露」。

在倫敦，因為各式各樣的人都有，什麼都見怪不怪，那些先入為主的價值觀也重獲自由，更懂得互相尊重彼此的「品味」。在餐廳，依然看得到穿著龐

克搖滾的五十歲老夫妻，身上鉚丁的皮夾克與窄版牛仔褲，臉上的煙燻妝與鼻環，年少輕狂時的作風，並沒有因年華老去而被迫改變自己的「信仰」。地鐵站內，服務人員耳邊兩側頭髮剃光，僅留中間堅挺豎立的橘紅色掃把頭，熱心疏導站內的人潮。看起來凶神惡煞的壯漢，上階梯時回頭幫路邊的老奶奶扛厚重的行李。

在倫敦，你可以選擇做自己。

選擇見面親彼此臉頰兩下
選擇背帆布托特包
選擇餐桌上插鮮花
選擇地鐵罷工後公車爆滿上不去
選擇不加班
選擇錯過包裹
選擇 Flatwhite 咖啡
選擇站在酒吧門口喝酒
選擇無論如何都不戴口罩
選擇下午茶時間
選擇過馬路先看右邊
選擇聊天氣

選擇豎大拇指表達：「謝謝、不客氣、好的」

選擇說「零錢免找」

選擇說「Lovely」

無論做了什麼選擇，在倫敦，生活是你的。

先開口說了，就會更相信自己

而倫敦之旅的結束，是生活反思的開始。兩年後，我回到台灣，看著房間內當時沒帶走的物品，才發現自己身邊不能少的東西，原來只是一個行李箱的大小。其餘的東西，都在時間的洪流裡，佈滿灰塵。

家鄉或許並沒有改變太多，卻因為一趟旅程後，人的看法改變了。出國學到的不就是如此嗎？如何接納來自不同方向的意見與看法，在審視後選擇自己所相信的，且同時尊重其他意見的存在。不是抱怨著自己的偏見，抱怨著環境，抱怨著誰阻擋了自己，更不是因為有了這些經驗而小看誰。

「What's your story ？你為什麼決定來倫敦？」無論任何年齡或國籍，在倫敦應該都會遇到有人問這個問題。「打工度假是為了拼看看有沒有機會留下來，做旅居在外工作。」我充滿自信這樣回答著。

人類很奇妙，會為自己的選擇或決定創造漂亮的故事來講給別人聽，久而久之自己也不知不覺的越來越相信自己所講的故事，即使當初是在不知情下做的選擇。

當初來倫敦打工度假的緣分，是因為當年五月份抽到簽證，七月時又遇到工作轉換，心想：「何不出去闖闖好了？」。當初如果沒抽到簽證，我猜我大概在公關業打拼吧！不過沒有當初了，所以你現在才會在這裡看到我。

兩年下來，我的履歷大概長這樣：Burberry 聖誕季節員工三個月、Apple Store 蘋果直營店店員十五個月，我相信跟一般打工度假的人差不多，以人力資源的觀點解讀：國際品牌零售業店員，未涉及管理階層的工作項目。

倫敦給你的不是經驗，而是心態的轉變

就如電影《他其實沒那麼喜歡妳》裡說的：「Maybe the happy ending is……just moving on.」回台灣沒有什麼不好，有能力的人，都能找到自己的價值與舞台。但不免還是會問自己「那我這兩

年的打工度假到底對自己的履歷有沒有幫助？」或是「該怎麼讓自己的打工度假經歷為未來面試加分？」

我的看法是：雖然在職涯裡，帳面上這兩年的經驗或許微不足道，但是對內心的改變，看事情的改變，只有在談笑風生中可以看出。雖然成就很重要，但有時候是你經歷了什麼，讓你變成什麼樣的人，而你成為的模樣，如何影響你接下來的人生。

網路平台 BetweenGos 有一篇文章講到：「公司決定錄取誰這件事情，遠比你想像中得要不科學許多。」沒錯，通過最低門檻得到面試後，往往是你的人格特質比你的豐功偉業還重要。面試到底也是人在面試，所以錄不錄取，很多時候只是想不想要有你這個隊友。

電影《鋼鐵人》導演強法洛（Jon Favreau）（同時也是電影《五星主廚快餐車》主角）來蘋果柯芬園店裡演講時說到：「想成為導演的人，要在很多不同的導演底下工作，看盡不同的拍攝風格，再決定什麼風格最適合你，是你想要的。」

所以我的總結是：打工度假看的不是成果驗收，而是心境的轉變，是你的模樣。

提筆，你也該開始了

寫在打工度假之後

雖然再過五年後，我可能從「倫敦通」變「倫敦鬆」，但透過這樣的一個旅程，我學會如何學習（Learn how to learn）、如何在幫助別人的過程中，讓別人幫助自己……

常聽到：「我要『跳出舒適圈』。」來到國外，我相信無論是留學或是打工度假，大多數決定要出國的人，本身已經擁有某種勇氣，捨得離開、選擇突破自己現在的情況。我們都非常喜歡待在自己的舒適圈裡，舒適圈讓我們感到安心、快樂、放鬆，這些沒有什麼不好。突然要讓自己跳出舒適圈其實是一件非常不容易的事。不管是有沒有事先準備，當自己在一個很不自在、不熟悉的環境裡，難免會感到不舒服，而不舒服的最直接反應就是表現不佳、沒有自信。原本跳出舒適圈的那股勇氣，很快的就會因為那些沒預料到的事情打擊自己，讓人想縮回自己的舒適圈，能夠越挫越勇的人，實屬少數。

不要到了英國，還在過台灣生活

要做自己不在行的事情，的確是很大的挑戰，內向的人突然要去一個三十人的大派對認識新朋友，英文講得不是很流利的人，突然要在全英語的環境開口發表言論，喜歡抽煙的人想要戒掉自己煙癮。那個感覺非常不自在，甚至會讓人覺得不可能，「我本來就不是那樣的人」、「我就是無法做到」。好不容易鼓起勇氣做了，內向的人在派對中沒人講話更顯孤獨，英文講不流利的人覺得被在場聽眾私下譏笑，抽煙的人忍了四天不抽煙再也忍不下去，這是常常發生的事情。「跳出舒適圈」固然很好，但是當你把自己曝露在舒適圈以外的環境時，你更顯赤裸無助，信心被打擊後，你就不願意再次嘗試了。

所以與其「跳出舒適圈」，我在英國學到的是——「活在舒適圈的邊緣」。外國本身就是一個全然陌生的環境了，並不是人人都能馬上反應過來的，但也不能因為英文不好就只認識講中文的人、在家看網路轉

播的台灣偶像劇、肚子餓就去中國超市買空心菜，完全把台灣生活的那一套複製去國外，這樣子在國外過「台灣生活」，似乎略顯可惜了點。雖然與台灣人交談，可以爽快地用母語流利的表達情緒，台灣偶像劇真的滿好看的，空心菜真的也很好吃（我個人很愛），但同時不能忘了要發展新的事物。

並不是要禁止過去那些喜歡的活動，而是偶爾要把自己擺在那些舒適圈的邊緣，一點一點的突破：跟有外國朋友的台灣人認識，請他偶爾也把外國朋友也找來。除了看台灣偶像劇以外，看看外國人都在追什麼樣的偶像劇（看不懂也一定找得到字幕），除了燙空心菜，請泰國人教你他們怎麼做道地蝦醬空心菜，而他們沒有空心菜時，會用什麼菜替代，你或許也會愛上。

當初剛到英國時，我的英文能力表達不是很順暢，不認識任何人，沒煎過蛋，沒有優秀的工作經驗，雖然其中遇到許多困難，但我並沒有因此退縮，我也沒有逼自己做自己不喜歡的事，而是找到其中的折衷點。不喜歡背單字、閱讀的我，抓著喜歡足球的興趣，每天在地鐵上翻閱著免費倫敦地鐵報的足球新聞，在

沒有網路的地鐵上，聽著預錄的足球廣播分析。喜歡吃義大利麵的我，藉著義大利麵的簡單方便，我從臺灣帶了一本書局買的義大利麵食譜，開始精通各種義大利麵醬汁。不熟悉倫敦，卻跟著愛走路的帕美拉行遍倫敦大街小巷，構築自己的倫敦地圖。

現在，我對足球的興趣不減，卻能讀完整份報紙了，還愛上電影評論。不只認識一群朋友之外，這群朋友也讓我更認識自己。英文成了我另一個得利工具，當我要尋找旅遊指南與推薦時，我不只能參考中文部落格，也能參考英文部落格，或許有一天當我學會日文時就更不得了了。

寫作，我可以，你也可以

當初的那個舒適圈，並沒有因此消失，反而因為在那舒適圈的邊緣久了，我的舒適圈因此拓展了、變寬了。問了自己，我能否透過我的所見所聞，去幫助其他人拓展他們的舒適圈呢？於是我開始寫作、開始記錄著。雖然我的寫作並沒有觸及到非常多人，但一篇文章裡，如果能夠有一個人欣賞我的角度，那就是一個共同的獲得，觸及到兩個，那就是兩個獲得。

關於寫作，我想你也該開始了。你／妳可能會說你的生活無聊沒什麼好寫、文筆很差、拍照技術不好等等，或許這些都是正當的理由，但你絕對有一項興趣，是你喜歡且可以分享給他人的。沒有人一開始就是優秀的，但公開寫作的話，你會為了要呈現給別人看，花更多心思去研究、去拍照、去觀察細節，從中你也因此獲得更多。一位喜歡喝咖啡的人，透過咖啡寫作，有一天可能不只喜歡喝，還能分辨咖啡的酸味、苦味與飽和度。

雖然我所認識的倫敦街景，再過五年後可能有六十％的商店都不再相同，我可能從「倫敦通」變「倫敦鬆」，但透過這樣的一個旅程，我學會如何學習（Learn how to learn.）、如何在幫助別人的過程中，讓別人幫助自己、學會煎荷包蛋（還有煎很多其他東西）。雖然這一路的旅程，我並沒有因此成為A咖，並沒有成為新聞上那個「為台灣爭光」的人，我的目標不在此，但至少也從肉咖變成B咖了吧！

或許有一天，你會因為我這B咖給你的動力，讓你成為A咖。如果真有那一天，請讓我知道。

別怕！B咖也能闖進倫敦名牌圈

留學✕打工✕生活，那些倫敦人教我的事

作者 湯姆（Thomas Chu）
編輯 林憶欣
美術設計 劉錦堂
校對 徐詩淵、林憶欣

發行人 程顯灝
總編輯 呂增娣
主編 翁瑞祐、徐詩淵
資深編輯 鄭婷尹
編輯 吳嘉芬、林憶欣
美術主編 劉錦堂
美術編輯 曹文甄
行銷總監 呂增慧
資深行銷 謝儀方
行銷企劃 李昀

發行部 侯莉莉
財務部 許麗娟、陳美齡
印務 許丁財
出版者 四塊玉文創有限公司

總代理 三友圖書有限公司
地址 一〇六台北市安和路二段二一三號四樓
電話 (02) 2377-4155
傳真 (02) 2377-4355
E-mail service@sanyau.com.tw
郵政劃撥 05844889 三友圖書有限公司

總經銷 大和書報圖書股份有限公司
地址 新北市新莊區五工五路二號
電話 (02) 8990-2588
傳真 (02) 2299-7900

製版印刷 卡樂彩色製版印刷有限公司

初版 二〇一八年三月
定價 新台幣三六〇元
ISBN 978-957-8587-15-1（平裝）

國家圖書館出版品預行編目(CIP)資料

別怕！B咖也能闖進倫敦名牌圈：留學×打工×生活，那些倫敦人教我的事 / 湯姆著. -- 初版. -- 臺北市：四塊玉文創, 2018.03
面； 公分
ISBN 978-957-8587-15-1(平裝)

1.留學生 2.學生生活 3.英國倫敦

529.2641 107002567

SANYAU
http://www.ju-zi.com.tw
三友圖書
友直 友諒 友多聞

旅行 走出生命最美好的樂章

歐洲市集小旅行

巷弄小鋪×美好雜貨×夢幻玩物
作者：石澤季里／譯者：程馨頤
定價：290元

慢踱在歐洲二手市集的巷弄中細品歷史；勃艮第、普羅旺斯、阿姆斯特丹、哥本哈根……漫步歐洲15處古董雜貨集散地與周邊私房景點，帶你挖掘夢寐以求的古董玩物，走一趟最有情調的古董散策

翻轉旅程

不一樣的世界遺產之旅
作者：馬繼康
定價：370元

跟著馬繼康，讓他用最溫柔善解的旅行思維，帶你重新看見：新疆天山的遼闊、泰姬瑪哈陵的絕美、巴拿威梯田的純樸……不只翻轉你對世界遺產的過往印象，更翻轉你的人生旅程！

全世界都是我家

一家五口的環遊世界之旅
作者：賴啟文、賴玉婷
定價：380元

因為旅行相識，組成家庭的兩夫妻，在三個孩子陸續報到後，還是攤開地圖，準備帶著孩子一起旅行，地圖上的每一個國家、每一個城市，看來都是可以駐足的好地方，那就……每個地方都去吧！

關西單車自助全攻略

無料達人帶路，到大阪、京都騎單車過生活！
作者：Carmen Tang
定價：350元

循著旅遊達人提供的踩踏路線，及詳實的地圖、QRcode資訊，初到日本遊玩的人，也能輕鬆完成屬於自己的單車之旅。用剛剛好的速度，深度感受關西的自然人文、特色建築、傳統文化及必嘗美食……

廉價航空全攻略

小氣旅行家必備（增訂版）
作者：朱尚懌（Sunny）
攝影：熊明德（大麥可）
定價：350元

八大廉價航空大解析+十大旅遊景點自助行，從航班、票券、交通、景點到住宿，通通包辦！一本讓你立即拎著行李出國玩的完全指南！

搖滾吧！環遊世界

作者：Hance、Mengo
定價：320元

面對未來，還在躊躇不前嗎？夢想夠多了，你需要的其實是勇氣。跟著Hance&Mengo的腳步，展開一場橫跨4大洲、21國，為期365天的精彩旅程！

體驗 不同城市的奇妙

京町家住一晚

千元入住京都老屋民宿
作者：陳淑玲、游琁如
定價：320元

漫遊於京町家周邊，品味在地人愛的茶屋、咖啡館、美食；遊逛寺廟、老商店街，找尋藝妓優雅身影……為自己安排一場緩慢、深刻的民宿之旅。

倫敦樂遊

暢遊英倫不能錯過的100個吃喝買逛潮夯好點
作者：李慧實／譯者：沈希臻
定價：350元

如果你想認識倫敦的真實風貌，而非僅是走馬看花的觀光印象；如果你是街頭塗鴉、現代藝術、古典美學的重度喜愛者；如果你嚮往優雅迷人的英式風格；你……一定不能錯過這本書。

女孩們的東京漫步地圖

作者：沈星曨
定價：240元

漫步東京街巷，感受不同的生活溫度；文具與器皿、雜貨與書、美食咖啡……五十處內行人才知道的東京風格店鋪，感受生活中的創意與美好，邀你一同踏上這趟東京文創之旅。

姊妹揪團瘋首爾

美妝保養×時尚購物×浪漫追星×道地美食，一起去首爾當韓妞
作者：顏安娜
定價：360元

千萬人氣部落格主安娜帶路，讓妳一手掌握韓妞最愛的魅力景點！專為女孩企劃的首爾之旅。美妝、保養、追星、美食……通通一手掌握！

姊妹揪團瘋釜山

地鐵暢遊×道地美食×購物攻略×打卡聖地，延伸暢遊新興旅遊勝地大邱
作者：顏安娜／文字協力：高小琪
定價：360元

繼《姊妹揪團瘋首爾》好評如潮，安娜再推新作，專為女孩打造，帶你玩出最精采的釜山！吃喝玩樂全都包，所有景點皆附上中文地圖QR code，再同場加映大邱，帶你看到不同城市的風景。

YouBike遊台北

大台北15區×58個站×220個特色景點
作者：許恩婷／攝影：楊志雄
定價：420元

遊台北，騎YouBike最新潮！赤峰街逛文創小店、新莊廟街品老字號美食，寧夏夜市裡湊熱鬧、永樂市場內啖小吃，順著河濱公園迎風，攀象山遠眺美景……還有隱藏版景點及推薦旅遊路線！

品嘗 全世界的美味

Salute!前進16座義大利經典酒莊

跟著Peggy邊繪邊玩
作者：陳品君（Peggy Chen）
定價：330元

本書以獨具風格的手繪插圖搭配生動的文字，引領你進入威士忌和葡萄酒的迷人國度，領略品種、風味與許多趣味的酒知識。讓我們一同高舉酒杯，喝遍義大利！

曼谷。午茶輕旅行

走訪30家曼谷人氣咖啡館
作者：莊馨云、鄭雅綺
定價：260元

曼谷不僅有捷運、地鐵交通便利，還有許多各式風情的咖啡館。本書帶領讀者造訪內行人才知道的好味道，蒐羅曼谷最經典、最有趣、最浪漫的咖啡風情！

闖進別人家的廚房

市場採買×私房食譜 橫跨歐美6大國家找家鄉味
作者：梁以青
定價：395元

一個單身女子，一趟回歸原點的旅程，卻意外闖進了別人家的廚房，從墨西哥媽媽到法國型男主廚再到義大利奶奶，從美洲一路到歐洲，開啟了一場舌尖上的冒險之旅。

巴黎甜點師Ying的私房尋味

甜點咖啡、潮流美食推薦給巴黎初心者的16條最佳散步路線
作者：Ying C.
定價：380元

讓出身廚藝名校Ferrandi的專業甜點師Ying，為你舀上一匙私藏的巴黎滋味，一起探索真正的花都食尚，發現這座城市對味與美的不懈追求。

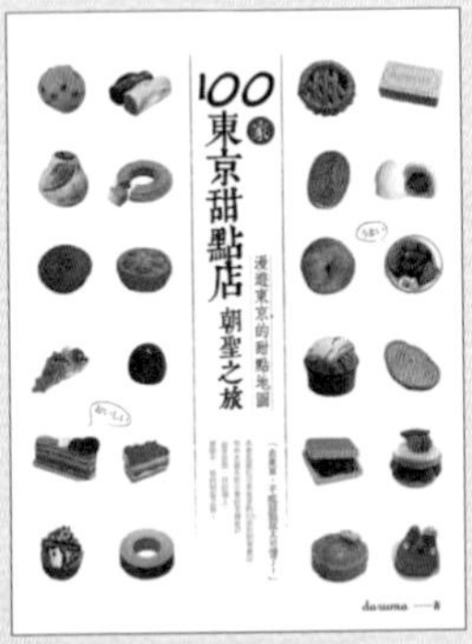

100家東京甜點店朝聖之旅

漫遊東京的甜點地圖
作者：daruma
定價：420元

「去東京，不吃甜點就太可惜了！」本書蒐羅在日本東京的100家甜點專賣店，帶你走遍大街小巷的老舖新店，品嘗甜點，拜訪職人，體驗不一樣的朝聖之旅！

大塚太太的東京餐桌故事

作者：大塚太太
定價：340元

遠嫁日本的台灣女兒，用料理收買日本公婆和小姑的心。50道溫暖人心的家常食譜佐以大塚家笑淚齊飛的日常故事，原來，種種難題都能在餐桌上找到答案。

廣　告　回　函
台北郵局登記證
台北廣字第2780號

地址：　　　縣/市　　　鄉/鎮/市/區　　　路/街

段　　巷　　弄　　號　　樓

SANYAU

三友圖書有限公司 收

SANYAU PUBLISHING CO., LTD.

106　台北市安和路2段213號4樓

SANYAU
三友圖書
讀書俱樂部

購買《**別怕！B咖也能闖進倫敦名牌圈：留學×打工×生活，那些倫敦人教我的事**》的讀者有福啦！只要詳細填寫背面回函，並寄回三友圖書，即有機會獲得「**UMade**」獨家贊助之好禮！

「UMap世界地圖」

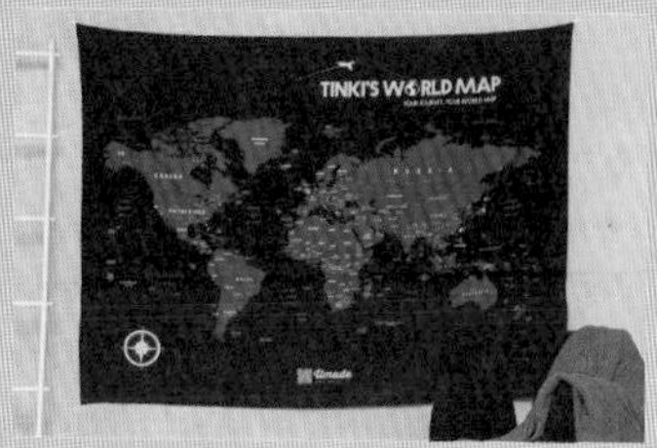

市價
1780元
（共乙名）

活動期限至2018年5月4日止
詳情請見回函內容 本回函影印無效

四塊玉文創╳橘子文化╳食為天文創╳旗林文化
http://www.ju-zi.com.tw
https://www.facebook.com/comehomelife

親愛的讀者：
感謝您購買《別怕！B咖也能闖進倫敦名牌圈：留學×打工×生活，那些倫敦人教我的事》一書，為回饋您對本書的支持與愛護，只要填妥本回函，並於2018年5月4日前寄回本社（以郵戳為憑），即有機會參加抽獎活動，得到「UMap世界地圖」（共乙名）。

姓名＿＿＿＿＿＿＿＿ 出生年月日＿＿＿＿＿＿＿＿
電話＿＿＿＿＿＿＿＿ E-mail＿＿＿＿＿＿＿＿
通訊地址＿＿＿＿＿＿＿＿
臉書帳號＿＿＿＿＿＿＿＿
部落格名稱＿＿＿＿＿＿＿＿

1 年齡
□18歲以下 □19歲～25歲 □26歲～35歲 □36歲～45歲 □46歲～55歲
□56歲～65歲 □66歲～75歲 □76歲～85歲 □86歲以上

2 職業
□軍公教 □工 □商 □自由業 □服務業 □農林漁牧業 □家管 □學生
□其他＿＿＿＿＿＿＿＿

3 您從何處購得本書？
□博客來 □金石堂網書 □讀冊 □誠品網書 □其他＿＿＿＿＿＿＿＿
□實體書店＿＿＿＿＿＿＿＿

4 您從何處得知本書？
□博客來 □金石堂網書 □讀冊 □誠品網書 □其他
□實體書店＿＿＿＿＿＿＿＿ □FB（三友圖書-微胖男女編輯社）＿＿＿＿＿＿＿＿
□好好刊（雙月刊） □朋友推薦 □廣播媒體

5 您購買本書的因素有哪些？（可複選）
□作者 □內容 □圖片 □版面編排 □其他＿＿＿＿＿＿＿＿

6 您覺得本書的封面設計如何？
□非常滿意 □滿意 □普通 □很差 □其他＿＿＿＿＿＿＿＿

7 非常感謝您購買此書，您還對哪些主題有興趣？（可複選）
□中西食譜 □點心烘焙 □飲品類 □旅遊 □養生保健 □瘦身美妝 □手作 □寵物
□商業理財 □心靈療癒 □小說 □其他＿＿＿＿＿＿＿＿

8 您每個月的購書預算為多少金額？
□1,000元以下 □1,001～2,000元 □2,001～3,000元 □3,001～4,000元
□4,001～5,000元 □5,001元以上

9 若出版的書籍搭配贈品活動，您比較喜歡哪一類型的贈品？（可選2種）
□食品調味類 □鍋具類 □家電用品類 □書籍類 □生活用品類 □DIY手作類
□交通票券類 □展演活動票券類 □其他＿＿＿＿＿＿＿＿

10 您認為本書尚需改進之處？以及對我們的意見？
＿＿＿＿＿＿＿＿

本回函得獎名單公布相關資訊
得獎名單抽出日期：2018年5月18日
得獎名單公布於：
臉書「三友圖書-微胖男女編輯社」：https://www.facebook.com/comehomelife/
痞客邦「三友圖書-微胖男女編輯社」：http://sanyau888.pixnet.net/blog

感謝您的填寫，
您寶貴的建議是我們進步的動力！

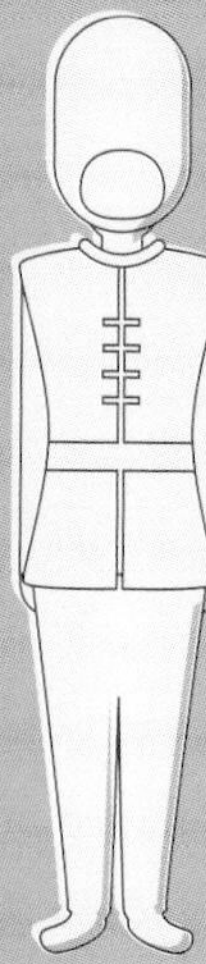

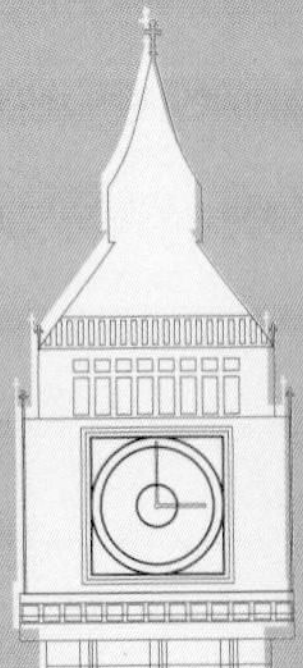

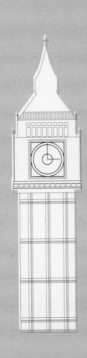